Karin Boye

Sämtliche Gedichte

Nelly Sachs feierte Karin Boye als "leidenschaftliche Verschwenderin ihrer Seelenkräfte", der „Schweden einige seiner schönsten Gedichte zu verdanken hat". Sie übersetzte als erste eine Auswahl. Peter Weiss ehrte Karin Boye mit einem umfangreichen Auftritt in seinem Roman „Ästhetik des Widerstandes".
Karin Boye (1900 – 1941) - international bekannt geworden mit dem dystopischen Roman „Kallocain" - ist eine außergewöhnlich bildmächtige Dichterin der Sehnsucht, der Nacht, des Unbewussten und nicht zuletzt des Coming-out. Sie verdient ihren Platz neben anderen Ikonen des 20. Jahrhunderts wie Anna Achmatova, Sylvia Plath oder Ingeborg Bachmann.

Karin Boye

Sämtliche Gedichte

Aus dem Schwedischen übersetzt von
Christian Ebbertz

Razamba

Offenbach am Main 2022

Umschlagabbildung: Anna Riwkin-Brick
(mit freundlicher Genehmigung des Moderna Museet Stockholm)
Umschlaggestaltung und Zeichnungen: Boris Schmitz
Edition Razamba Bd. 17

ISBN 978-3-941725-64-5
www.razamba.de

Mit Dank an Heike Smets und Jutta Ebbertz sowie für Beratung in Übersetzungsfragen an Astrid van Nahl und Margareta Nilson.

Wolken

Wolken

Sieh der mächtigen Wolken Gipfel hoch und fern,
wie sie wie Schnee so weiß und stolz und schimmernd steigen,
wie sie in sanftes Sterben langsam vorwärts gleiten,
um dann im Schauer kühler Tropfen zu vergehn.

Majestätische Wolken – sie gehn durch Tod und Leben
lächelnd in der Sonne hellem strahlenden Schein,
im Äther schwebend von Sorgen ungetrübt und rein
große stille Verachtung für ihr Schicksal hegend.

Wär mir doch vergönnt solcher Stolz, mich feierlich erhebend,
so hoch, dass mich kein Treiben der Welt noch erreichen kann,
um mir ganz unberührt von aller Stürme Tanz
den Strahlenkranz der Sonne um mein Haupt zu legen.

Eine buddhistische Fantasie

Auf steht das Kupfertor der Welt.
Hoch ich im Toresbogen steh.
Und was ich seh, ist endlos weit,
kein Anblick war so endlos je.

Wie tief mein Schaun, wie weit mein Schaun,
kein Halten, das ihm Hilfe bot.
Verschwunden das, was mir je bekannt.
Kein Groß, kein Klein – Kein Leben, kein Tod.

Ein einz'ger Schritt auf freiem Weg:
Und meine Rückkehr wär verwehrt…
Wozu die Furcht? Komm folge mir!
Des Weltalls Tor ist aufgesperrt.

Schwalbe der Nacht[1]

Halbwach brütet die Sommernacht
noch Träume aus, die niemand kennt.
Und das blanke Wasser macht
in sich spiegelnd zwielichtbleich
unendlich weites Firmament.
Weißer werden die Sterne.
Einsam wacht
die Schwalbe der Nacht,
singt tonlos, trostlos ihr Wiegenlied in der Ferne.

Niemals will kühn sie in Höhen sich schwingen,
schwebt tief aus reinster Niedrigkeit.
Und die flaumige Dämmerungsschwinge
schwer von Staub und Erde,
zu Boden gebunden scheint.
Weh dem, dessen Flügelpaar
nicht steigen kann,
muss bleiben dann,
zu mächtig angezogen vom Schlamm in eigner Farb'.

Aber im weißesten Weiß der Schwan,
der im Raum des Morgenlichts
zieht seine königliche Bahn:

---

[1] *Der eigentliche deutsche Name des Vogels: Ziegenmelker (Anm. d. Übers.)*

solch Sehnen nächtlicher Schwalben,
solch Sehnen kennt er nicht.
Niemand, der da unter den Sternen,
fühlt Sehnen so hart
wie die Schwalbe der Nacht
nach ewig lockender, ewig blauer Ferne.

An eine Sphinx

Du bist wie die Schnecke im kühlen Teich,
der unberührt von Sonnenstrahlen.
Sie kann ihr Gefängnis nie vergessen,
kriecht nie heraus aus ihrer Schale.
Sie kann nur verbergen
ihr tiefstes Träumen
von großen Taten
in Wassergräsern,
doch niemals ganz
und ungeteilt
in Worten, Taten sich vergießen.

Dein Reden ist voll Ironie.
Du suchst zu verbergen
mit erlogener Kälte
die Lebenswärme tief in dir.
Doch zittert die Stimme
in seltsamer Schwäche
und Röte schimmert
durch Wangenblässe.
Verborgen in dir
ein Feuer brennt,

das niemand findet,
das niemand kennt.

Du bist zu zerbrechlich, du bist zu schwach
für jeglichen schneidenden Misston.
Du brauchst um dich eine Rüstung,
es ist dir das Spiel des Lebens zu hart.
Du bist wie die Schnecke im kühlen Teich,
die niemals ihrer Schale entweicht,
so unnahbar
und unverstanden
und niemand, der dich je erreicht.

Idee

Hier geh ich nicht, das bin nicht ich.
Das ist nur ein lügender Spiegelschein,
sich fragend, sich wundernd, wo ich mag sein,
einst wirklich mich treffen, das sehnt er sich.

Die Sage erzählt: In fernem Land
fließt ein spiegelnder Fluss aus verborgener Quelle.
Tausende Wesen, an heiligen Stellen
säumen wie Lilien den Küstenrand,

ihr Antlitz umhüllt von unendlichem Licht,
von Schönheit erzitternder Luft, unerreicht.
Dort in vollkommener Geister Reich
in ewiger Pracht steht mein wahres Ich.

Der glitzernde Fluss schluckt das Spiegelbild.
Die wütende Strömung riss einst es fort.

Es wandert gebrochen von Ort zu Ort
wo's träumend sich selbst wieder finden will.

Hör fern ich des Flusses Wellen nicht?
Meinem tiefsten Innern entströmt er mir.
Wo die Welle des Lebens den Tag berührt,
verbirgt sich mein gottgeborenes Ich.

Abendgebet

Keine Zeit wie diese ist,
die ruhige Abendstunde.
Keine Stimme, die mehr spricht,
die brennenden Sorgen verschwunden.

So nimm in deine Hände
den Tag, der heut vergangen.
Ich weiß: zum Guten wenden
wirst du, was ich begangen.

Was Bös' ich denk, was Bös' ich tu,
du wäschst es wieder rein.
Meine Tage wandelst du
aus Kies in Edelstein.

Du hältst mich und bist für mich da.
Geborgen ruh' ich ganz in dir.
Trag mich, führ mich, sei mir nah!
Zeig, was du hast vor mit mir!

Kreuzung

Kerzen sah ich, auf ewigen Gipfeln ein göttliches Licht.
Gesegnete sah ich, wandelnd in zitternden mystischen Strahlen,
im Leuchten Gottes und der Sonne, das sich bricht
in Tropfen, die durch ruhende zeitlose Welten fallen.

Weh mir, mein Fuß ist den schwindelnd hohen Pfaden zu schwer,
weh mir, aus Erde bestehend, mein Geist aus Stahl und Stein,
der ich den träumenden Seligen niemals angehör,
ich werde niemals gekrönt vom Licht der Heiligen sein.

Dich will ich suchen, mein Gott, unter Einfält'gen, Grauen, Geschmähten,
will suchen dich in der Welt und in aller Tags Streben und Elend.
Die goldene Stille des Himmels, nach der mein Herz sich sehnte,
ist sie mehr wert als dein Kampf, dein heiliges, brennendes Streben?

Allein sel'ger! Herr! *Du* gabst, *du* nahmst - und hast dich verborgen.
Gib, was du bietest – Gib mir den Kampf, deinen Geist zu erleben.
Herr, auf dem Schlachtfeld der Welt folg' ich dir als Schwert oder Bogen.
Ob Thron oder Kreuz: Es sei mir nach deinem Willen gegeben.

Das Beste

Das Beste, das wir haben
können wir nicht teilen,
können wir nicht sagen,
können wir nicht schreiben.

Das Beste in deinem Geiste
bleibt unverschmutzt und rein.
In unserm Innern leuchtets
für dich und Gott allein.

Das sind des Reichtums Samen:
Es lässt sich uns nicht nehmen.
Das sind der Armut Qualen:
es lässt sich keinem geben.

Morgengesang

Dies ist die stille Stunde des Lebens,
sonnig und selig,
weiß lacht uns Frieden, machtbewusst.
Der Jubel und die Lieder verstummten,
denn die Freude stieg über die Ufer.
Heil dir, Freude, Freude,
deinem übermütigen, stillen Lachen!
Du allein ergründest
das Geheimnis der Welt.

O Blasen, Blasen, o Schaum, Schaum
sind all unsre Sorgen, all unsre Klagen,

ja Schaum auf unermesslicher Weite,
Blasen auf Ozeanen
ist das was wir schätzen, fürchten und jagen,
doch Freude, Freud' ist der Welt Fundament.

Wie kann ichs wagen…? Und doch!
Glaubst du, dass die Lebensblume,
tausendfach vom Leid gezeichnet,
würde weiter im dunkelsten Dunkel
leuchten in Schönheit trotz allem,
wenn schwer nicht die Wurzel, voll nicht
das Herz von Glückseligkeit wär?

O Blasen, Blasen, o Schaum, Schaum
ist all unser Schmerz, unser blindes Klagen,
nur Freude weiß mehr als alles andre.
In ihren weißen heiligen Stunden
ruht zitternd auf Blättern das Tageslicht
als Widerschein göttlicher Tiefen
und lächelt und lacht.

Wie eine Flut, wie ein Gewitter,
hülln mich des Tages Sorgen bald ein.
Lass mich in Tränen und Grau erinnern,
wie klarer, blendender Augenblick
zwang mich zu sagen dem Leben und Tod,
der ganzen Welt und auch mir selbst:
„Amen, Amen
so gescheh es!"

Früher Frühling
(Ein Gemälde der Vorrenaissance)

Wenn früh der Nebel auf der Wiese steht,
vom Tau benetzt die bleichen Blätter sind –
wenn kühle Wehmut durch das Dickicht weht,
erhebt sich luftig Blühn im Frühlingswind.

Aus zarten Blütenkelchen Duft verströmend
ins Gras gereiht Narzissen, schimmernd matt.
Darin mit träumerischen Blicken, sehnend:
ein edler Knabe aus des Arnos Stadt.

Das Glück des Staunens trägt er im Gesicht.
Von unbeholfner Anmut ist sein Gang.
Ein Buch trägt sorgsam er wie ein Gelehrter.

Des Morgens Paradies, er sieht es nicht.
Sein Schaun ist wie der Frühling ahnungsbang
gerichtet in die frühe dunst'ge Ferne.

Des Malers Wunsch

Ein kleines Bruchstück wollt ich malen
des schäbigen Alltags, verbraucht und Grau.
Und wie's doch strahlt ein Feuer aus,
das Welten schafft aus des Schöpfers Hand.
Was wir verachten, wollte ich zeigen
als heilig und tief und des Geistes Gewand.
Einen hölzernen Löffel wollte ich malen,
so dass man Gott in ihm erkannt!

Dem unbekannten Nachkommen

Ich brach mein Brot, von andrer Hand gebacken,
trank meinen Wein, den ich nicht selbst bereitet.
Doch kosten sie, die die Mühen hatten,
die Frucht erst dunklen Weg beschreitend.

Was ich gesät, du wirst es ernten morgen.
O trage doch mein Samen hundertfach!
Sie tragen Freude, andrer Last zu tragen,
sie ernten Leben, das andrer Ernte war.

Innerlich

Mein Gott,
meine Wahrheit:
Ich sah sie
in seltsamer Stunde.
Der Menschen Gebote
und Worte war'n still.
Gut und Böse
vergaß meine Seele.
Mein Gott
und *meine* Wahrheit:
ich trank sie
in meiner angstvollen Stunde.

Mein Gott
war salzige Dunkelheit,
meine Wahrheit
hartes Metall.

In tiefem Erzittern
stand ich nackt
umspült von Wellen
aus kalter Wahrheit,
kalter, starker,
verachtender Wahrheit –
meine Wahrheit
und *mein* Gott.

Kahlfrost

Bleiches Kupfer und Gold! Raureif auf goldbraunem Feld.
Glitzernde Kälte in weiter, goldener Welt.

Den goldenen Sonnenfluss seh ich durch Wolken sich zwingen,
kühl sein Lachen, geschärft wie die Willensklinge.

Trotzig lächelnd durch die Räume bricht er,
sonnengelb frostig um Zaun und Felder fließt er.

Hör, wie ein Jubel in klare Weiten dringt!
Hör, wie die Welt ein Singen als Antwort bringt!

Die tausendfach Schläge, Verwundung erleiden musst',
singt ewige Lieder von trotziger Lebenslust.

Frühlingserwartung

Geh ich nicht berauscht durch Rosenduft?
– Sind doch noch keine Rosen gekommen! –
Erzittert nicht alles in göttlichem Glanz?
Es flüstern die Tage geheimes Versprechen.

Neulich erreicht mich von Ferne ein Wind,
Leicht wie ein angehaltener Atem,
Erfüllt von des schüchternen Wartens bebendem Duft.
Alles erscheint mir seitdem wie ein Wunder.

Ich weiß nichts, – geh wie durch fernes Land,
geh wie im Traum, im Traum von Rosen.
Alles wie vorher – doch alles verändert.
Seltsames Rätsel über den Dingen!

Wunschnacht

Wenn ein Stern sich löst,
sinkt weiß nieder durch die Lüfte,
erhört sie, so heißt's, das Gebet, das reicht
an die kurze schimmernde Bahn.

Ich warte und warte. Es ist April,
warme horchende Nacht im April,
mit wachsendem Gras und lauschenden Sternen –
friedlich gehn sie den Weg durch die Nacht,
und keiner, der da stolpert und fällt.

Und schlafe ich ein, so bleibt doch bestehn:
Löst sich ein Stern in dieser Nacht,
muss fühln sie mein Beten, wo immer sie hinsinkt,
auch wenn ich schlafe –
denn ganz ist die stille, stille Nacht
und ganz ist der weite, weite Raum
erfüllt von meinem einzigen Wunsch!

O eine Klinge

O eine Klinge,
nachgiebig, geschmeidig und stark,
o eine glatte tanzende Klinge,
die stolz dem strengsten Gesetz sich fügt,
dem harten Rhythmus im Stahl –
o eine Klinge
will ich mit Leib und Seele sein.

Wie ich dich hasse,
du elendes Weidenwesen,
verflochten, gewunden, gedreht,
duldend gehorchend der fremden Hand.
Wie ich dich hasse,
du mein faules Träumerwesen.
Sterben sollst du.
Hilf mir, mein Hass, du Schwester der Sehnsucht,
hilf mir zu werden
Klinge, ja Klinge,
tanzendes Schwert aus gehärtetem Stahl!

Du

Kühl deine Stimme wie Rauschen der Quellen, dein Wesen
von herber Frische wie duftende Früchte im Herbst.
Klar in deinem Auge
ruht des hohen Septembers kühle Heiterkeit.

Springbrunnen du, mit sonnigem glitzernden Strahl,
schön im formstrengen Bogen, im Gleichgewicht,
schön in seiner Stärke,
voll Kraft, edles Maß und edle Grenzen zu lieben.

Heil deiner Frühlingsgesundheit, deiner heiter
spielenden Ruhe, deinem edel gezeichneten Geist
in deine reinen Züge,
in die singende Harmonie deiner Glieder!

Morgen

Schleicht die Morgensonne durchs Fenster,
fröhlich und vorsichtig
wie ein Kind, das überraschen will,
früh, früh am festlichen Tag –
Dann streck ich die Arme in wachsendem Jubel,
öffne sie weit dem kommenden Tag –
denn der Tag, das bist du,
das Licht, das bist du,
die Sonne bist du,
der Frühling bist du,
und das ganze schöne, schöne
wartende Leben bist du!

Traum

Dämmerung über fremdem Weg…
Farbloses Bodengewächs,
riesige Pilze
sprießen vom Boden, wo Schall erstickt.
Windende kahle Stämme
ragen empor und verschwinden in Dunkelheit.
Hör oben das furchterregende Tosen,
das niemals verstummt!

Eben noch in der Sonne
sang ich auf blühenden Wiesen
Pan, Pan, großer Pan.
Jetzt wispern spöttisch
die murmelnden Blasen des Sumpfes:
„Hier im Wald der geheimen Tiefen
Auch hier ist seine Wohnung!
Wagst du noch zu singen
Pan, großer Pan?“

Hilfe, mein Fuß sinkt ein!
Morast ist der Boden,
brütendes, täuschendes
schwarzes Wasser, schlafend halb,
unergründlich, regungslos,
lauernd auf mich, seine Beute.
Schlangenartige Stämme von Erlen,
entwachsen dem feuchten Sumpf,
winden sich ächzend hin und her.
Aus streckt die Angst die schlammigen Wasser-
hände, knorrig und schwarz,

wie moosbewachsene
morsche Äste, triefend von Nässe.
Hilfe, oh Hilfe, welch geheimen
Tiefen, die mich begehren!

Und doch – ist das kein Blütenduft?
Überall überm dunklen Sumpf
helle Knospen,
weiße Knospen –
sie schlagen aus, schimmernd schlagen sie aus!
Mein Fuß findet Halt zwischen weißen Kelchen,
und über die Tiefen scheint ein Licht –
das süßeste neckende Lächeln.

Verneige dich, Herz,
Verneig dich anbetend!
Hier in geheimer Tiefen Wald
singe ich Pan,
singe ich bebend
Pan, Pan, großer Pan!

An die Schönheit

Wenn unsere Götter fallen
und wir stehn allein inmitten der Trümmer,
sodass keinen Halt uns're Füße mehr haben
wie Kugeln im Raum –
augenblicklang erscheinst du dann, hohe Schönheit.
Dann, nur dann.
So streng wie Feuer sprichst du Trost:
„Was immer auch fällt – ich wieder ersteh."

O bleibe, bleibe, du Heilige,
bewahr meine Seele
von der Lüge maßlosen Leids!

Erinnerung

Still will ich meinem Schicksal danken:
Nie verliere ich dich ganz.
Wie in der Muschel wächst die Perle,
so wächst in mir
dein süßes frisches Wesen heran.
Und hab ich dich endlich einst ganz vergessen –
dann bist du Blut meines Blutes,
dann bist du eins mit mir –
so wie es die Götter gewähren.

Ermahnung

„Kind!“ sagte mir eines Tags das Leben.
„Wie jung du bist! Eine kleine Frucht, noch grün…
Ich will dich der Jugend Zierde lehren:
bescheidene Rücksicht,
gesenkte Augen und leise die Stimme.
Geh sanften Schritts – auf Zehenspitzen über die Wiese!
Ruhig, sei ruhig – halt an den Atem und lausche!
Trifft dich Freude, trifft dich Schmerz,
mach keine Sache daraus (wie sonst deine Art)!
Halt atemlos still! Hör zu! Hör zu!
Vielleicht findest du
dann ein Heim in meinem Rosengarten.“

Genesung

Die du mit Namen von Blumen genannt,
einen anderen will ich dir geben:
Chirurgenmesser.
Ein kalter, harter Name.
Doch so glitzernd hart
ist dein Bild in stillen Momenten.
Ich bin verloren, wenn ich dich sehe,
verloren wie ein Kranker
vor deiner Frühlingsmorgengesundheit.

Es ist gut, gequält und geekelt zu sein.
Erfrischend frei bist du von Barmherzigkeit
gegen erbärmliche Qual.
Fern, fern lächelst du rätselhaft.
Deine erhabene Luft will ich atmen.
Die taufrischen Wege will ich beschreiten,
auf denen du gehst.

Portale

Ich liebe die weißen Berge, ihr Marmorweiß,
die Stirn reingewaschen vom hohen Himmelsblau,
und des Salzmeers stürmisches Glitzern,
und dorische Tempel, und der Gedanken klarer Kristall.

Doch sah ich auch durch gelehnte Portale
in klingende Dämmerungstiefe,
wo still sich erfreute Altarkerzenschimmer

bebender Zeit, Advent,
während der Wintermorgen dunkel durch Fensterbögen starrte.

Die strahlenden Heiligen, die Überwinder
ahnte man selig jenseits des Dunkels,
und die zu Gott strebten,
beugten die Knie im Gebet allein in der Menge,
sahen geschlossenen Auges des Einzigen Glanz,
innerster Seele Welten,
und mystische Wahrheit, der sie lauschen gelernt.

Hast du jemals gelauscht, wo die Altarkerzen brennen,
niemals vergisst du dann Gottes stille blühende Gärten -
du küsst den Stein des Portals und wendest dich ab.

Ihr weißen Berge, blendend marmorweiß in der Sonne,
geliebte weitblickende, ihr geahnte Heimat,
ich komme zu euch!
Leben heißt schneiden und brechen, damit etwas wächst.
Jeder ist so viele Menschen,
doch niemand geht mehr als nur einen Weg.

Obdachlos

Die Heimat der Seele verlieren, weit wandern,
um dann nichts andres zu finden,
und spürn, wie man, was Wahrheit ist, vergaß,
und glauben von sich, man besteh' nur aus Lügen,
widernd sich selbst an und hassend sich selbst –
ja, das ist leicht, ja das ist wirklich leicht.
Leiden ist leicht, doch Freude ist stolz und schwer,
denn Freude ist das Einfachste von allem.

Aber wer sich eine Heimat sucht,
darf nicht glauben, sie gibt's irgendwo –
obdachlos wandern muss er eine Zeit;
und wer der Lüge gehört und geheilt sein will,
muss hassen sich bis zum Erkennen der Wahrheit,
was and're erhalten als Geschenk.
Welchen Wert hat's, deswegen zu klagen?
Warte, mein Herz, und sei geduldig!

Wenn dieses Leben das einzige ist...

Wenn dieses Leben das einzige ist...!
O diese kurzen Stunden...
Eine Stunde - wie viel kann eine Stunde sein!
Tiefe Quellen, aus denen noch niemand trank,
lichte Weiten, noch von niemand ergründet,
dies wartet hinter unserm Schicksal.
Und wir, wir dösen träge in Feigheit.
O diese kurzen Stunden…
O Welt der verborgenen Möglichkeiten,
du Gott im Werden,
gib uns unerschrockene Frömmigkeit,
einen reinen Willen,
und weise uns ein in des Geistes Abenteuer!

Kleine Dinge

Kannst du keinen Schritt mehr tun,
den Kopf nicht mehr heben,
bist du ermattet in trostlosem Grau –
sei dankbar den freundlichen kleinen Dingen,

tröstlich, kindlich.
Du hast einen Apfel in der Tasche,
ein Buch mit Märchen zu Hause –
kleine, kleine Dinge, verachtet
seinerzeit, lebendig leuchtend,
doch sanfter Halt in toten Stunden.

Gerettet

Die Welt strömt von Schmutz, Leere füllt sie aus.
Wunden, vom Tage geschlagen, heilen, wenn Abend ist.
Ruhig, ruhig, ich neige den Kopf
dem heiligen Anblick, der steten Erinnerung.
Tempel; Zuflucht; Läuterung;
mein Heiligtum!
Auf deinen Stufen gerettet vom Dunkel,
geborgen wie ein Kind schlaf ich ein.

Erwachen

Das Leben erhält eine andere Färbung –
es leuchtet zitternd, zitternd und schweigt,
wenn wie im Märchen von Vätternsees Stein
der Gedanke an dich aus den Tiefen
gänzlich erhellend die Welt aufsteigt.
Erwachend seh ich die Wirklichkeit,
wo dumpfen Traums Schwere noch lag auf mir.
Es lebt die Luft, ich atme Leben,
Leben von dir, von dir.

Erklärung

In deine Schönheit versenkt
seh ich erklärt das Leben
und auf das dunkle Geheimnis
Antwort gegeben.

In deine Schönheit versenkt
will beten ich hier.
Heilig die Welt,
denn du bist in ihr.

Erschütternde Klarheit,
lichtdurchtränkt,
ich will sterben mit dir,
in deine Schönheit versenkt.

Du bist mein reinster Trost

Du bist mein reinster Trost,
du bist mein festester Schutz,
du bist das Beste, das ich hab,
denn nichts schmerzt so wie du.

Nein, nichts schmerzt so wie du.
Du stichst wie Eis und Feuer,
schneidest wie Stahl meine Seele -
du bist das Beste, das ich hab.

Ahorn

Heil den Kriegern, blutend in Schlachten,
trotz Wunden und Narben erstrahlend,
heil ihrem harten Kampf,
heil ihren teuer erkauften Siegen!

Doch du junger Baum, o blühender Ahorn,
Dich lieb ich mehr als der Krieger Narben.
Dein unerworbner glücklicher Adel
ist mehr als ihre gewonnene Schlacht.

Frisch am Morgen bist du der Erde entsprossen,
frisch, ruhig und gesund in Sonne und Regen gewachsen;
du kanntest weder Angst noch Reue,
unserer Krankheiten keine.

Du blühst in Gold und Goldwein, säuselnd lachst du,
küsst der Wanderer deinen Stamm.
Sein Kuss ist Gebet an die ewige Schönheit,
die Tags deine liebliche Blüte dachte.

Gesegnet sei, gesegnet sei, du schöngewachsner Ahorn!
Der Siege der Krieger bedarfst du nicht.
Mit dir ist die Ruhe der einsamen Wälder.
Mit dir ist die Sonne der Göttlichkeit.

Traumbild

Traumbild, Traumbild,
sonnenklare Offenbarung,
aus eines einzigen Menschen Werk
vor meinen Augen strahlend,

Traumbild, Traumbild,
süß unter verstümmelten Kriegern,
süß in der Welt,
die von Leid zerrissen,

erträumte Gattung,
durch Zeitalter wachsend,
Menschen, stolz, erspielend den Weg
zum Sieg in den Schlachten,

wie Blumen entwachsen,
harmonisch ohne ein Zögern den Wurzeln,
ruhig vertrauend der heiligen Erde,
auf die sie den Fuß setzt.

Ihr Fleisch ist Geist,
ihr Geist ist Fleisch –
blumengleich gewachsen
wie der seltsame Mensch, den ich traf.

Götter

Streitwagen der Götter
erschüttern die Wolken nicht,

gleiten still voran,
strahlengleich.
Die Schritte der Götter,
unhörbar fast
wie der Gräser kaum
hörbares Rauschen.

Behutsam, vorsichtig
folg den Pfaden,
die den Duft ihrer
heilenden Nähe tragen.
Ruf keine Namen!
Sie fliehn dich, lassen dich
wortegefüllt zurück
in einer leeren Welt.

An die Carolina Rediviva[2]

Flüchtig von dir nur ein Blick, Carolina,
durch frostige Birken, o Freundin,
und auf meinen Weg fällt stillstes Licht,
wie Sonne, durch Nebel scheinend.

Streng bist du, vornehm,
wie jemand vom Leben gestärkt mit rüstender Schicht,
doch auch wie beschienen von des Skeptikers
sanftem Licht.

---

2 *Bibliothek in Uppsala (Anm. d. Übers.)*

Wie eines alten Manns Lächeln
aus Licht, leichtem Schnee, Ironie, herbstlich-mild,
voll Wärme, Weisheit,
sanftmütig, gedankenerfüllt.

Angst

Betrug, Betrug -
nichts andres von meinem Leben bleibt.
All meine Scham,
Stift, armes Ding, schreib.
Von den Straßen weit, weit
fort von meiner Wahrheit schreib,
von der Mauer um das jemals Beste…
Nein, bleib.

Tief dunkle Bedrohung
erfüllt meinen Geist.
Donnernd knospende Zeit
ist noch mein.
Still will ich sein,
bleiben und sehn,
auf Sonne wartend
sanft lächelnd stehn.

Was geschieht im Dunkel,
während ich lächelnd steh?
Stirbt meine Seele?
Find ich nach Hause nie mehr?
Gott, Gott, bewahr
nur einen Schein

von meinem Ernst
rein, rein!

Via Media

Einst bat ich um Freude ohne Grenzen,
einst um Trauer, endlos wie der Raum.
Wächst mit den Jahren die Bescheidenheit?
Schön, schön ist die Freude, schön auch das Leid.
Am schönsten jedoch, auf dem Schlachtfeld der Schmerzen
stille zu stehn und zu sehn, dass die Sonne scheint.

Winternacht

Funkelnder knarrender harter Harsch.
Einsam, einsam der nächtliche Raum über weißen Straßen.
Mich erfüllt grimmiger Durst
nach Winterhimmel.

Springst du nicht bald vor meinem Fuß auf,
tiefes erdkaltes Wasser, Welt, unter mir gefroren,
du starke Dunkelheit,
die meinen Stern verbirgt?

Dann wirst du überwältigend hart und rein
verdorbene Lügen ertränken, wie unbarmherzig du früher
getan.
Wo bist du, bitteres Meer
aus Eis und Wahrheit?

Im Bann

Wenn du fort bist, hungert wild meine Seele.
Wenn du nah bist, ich mich nicht weniger sehne -
verzweifelt seh ich,
erstarrt, verschlossen,
wie leer und eitel
Minuten verflossen.

Deines Wesens Blumenduft, königlich, stolz und fein,
heimlich wollt ich ihn trinken, den heiligen Wein -
doch todschwer steh ich
wie in Träumen,
wie mit Tantalus' Durst
in klaren Strömen.

Meine Zunge brannte in Zeiten von Einsamkeit,
dir das Schöne zu sagen, das mir sich im Traum gezeigt -
doch bin ich dir nah,
ist mein Geist verstreut,
mein Tor verschlossen,
mein Herz betäubt.

Das Namenlose

Manches schmerzt und trägt keinen Namen.
Schweig am besten und umarm es.

Manch Geheimes ist dunkel, gefährlich.
Trag es respektvoll, sanft und ehrlich.

Am besten: geheimen Glauben bewahren,
ohne an wachsendem Samen zu graben.

„Hier klärt nirgends kluges Erahnen.
Urmutter, führ mich mit sicherem Mahnen!"

S'ist gut, auf die Stimme der Mutter zu hören -
Wortloser Kummer wird wortlos getröstet.

Bitte um eines

Bitte um eines:
um tiefen Ernst
- der so vielen wurde zum Fluch -
Doch bitte dazu um eines,
mit dem nur die Stärksten gesegnet sind:
Um Schweigsamkeit des Herzens.

Verborgenes Land

Elementargeister

Wir, wir sind älter als ihr,
Kinder der Erde, ihr stolzen, ihr jungen.
Wir sind des Chaos formloses Lied
von des Chaos alten Stimme gesungen.

Wir, wir sind fliehende Wolken,
wir sind Wasser, wir sind Wind,
sanft unser Klagen, scheu unser Klagen,
das durch die schwarze Herbstnacht klingt.

Wir, wir sind Lüge und Spiel,
rastloses Schrei'n unter Tränen.
Der Mond, unser Herr, steht kläglich bleich.
Es narrt und betört uns König Elend.

Erdkinder – wird der Regen zu schwer,
baut ihr Häuser und Herde aufs Land.
Ihr habt eine Macht, die uns erschreckt:
harter Stahl in sicherer Hand.

Komm, trink uns aus der Mondenschale,
koste des bleichen Zauberers Säfte,
wirf auf den Weg den festen Stahl,
tauch in des Chaos formlose Kräfte.

Doch ihr baut Tempel im stürmischen Herbst,
die nachts zum Schutz der Sonne sind.
Wir suchen das Weh als berauschenden Trost -
wir sind Wasser, sind Wind!

Dorn

Gut gestochen, Dorn!
Guter Biss, grausam kleiner Pfeil der Erde.
Auf dem Weg ruht träge mein Fuß
in nachlässiger Schwere.
Es zwingt ihn in Spannung
der Stich des Dorns,
federnd hebt sich mein Fuß im Sprung -
zum Lauf, fast fliegend nach vorn.

Sommertag

Das Meer ruht morgenstill,
als hätt' es nie Stürme gehabt,
wie ein mächtiger Geist
sonnig morgenstill,
in Hingabe schwer - leicht
in der Klarheit Kraft.
Scharf und genau in sich spiegelnd
des Abgrunds nackte Klippen,
schlicht gebreitet, lichtdurchschienen
die weiten Tiefen liegen.
Linienklar,
alles leicht und rein,
sicher in luftige Ruhe gezeichnet,
vom Duft des Salzes gewaschen.
Linienklar,
gedankenvoll, eben und rein
schreitet der Tag in des Raumes Licht,
fein wie ein Edelstein.

Heimweg

Ich kenne einen Weg nach Haus,
schwer zu gehen und rau.
Seinen Wanderer macht er arm
und klein und hässlich und grau.

Ich kenne einen Weg nach Haus,
einen Weg kahl und rein.
Als wär die warme Wange gelehnt
an unbarmherzigen Stein.

Doch wer diesen Stein gefühlt
an eisiger Wangen Blut,
merkt, wie mild seine Härte ist,
wie treu und fest und gut.

Und danken wird er diesem Stein,
der mit Härte liebt,
und wird das einzige Kampfspiel preisen,
das wert war seinen Sieg.

An das Meer

O Meer, Meer,
wie stark das Getränk, das du einschenkst!
Deine große Kühle
ist Reinigung, heilig klar.
Dein Licht umarmt
heilend die Menschenkinder, uns, die wir lieben die kühle
Arznei.

Denn du, Meer,
strahlend weich, tosend hart,
falsch und immer treu,
bist ein schönes Gleichnis für schöne Dinge:
für des kühnen Herzens salzgeschäumten Weg in der Welt.

Richtschnur

Du mein Tag! Ich will nicht
nur Nacht sein und harte Schlacke -
denn unberührt schönen Frühlingstau
verströmt des Morgens deine Wange.

Du meine Sonne! Ich will nicht
nur Herbst sein und Wind und kalt -
denn freudig lächelt in deinem Blick
des Frühlingshimmels blauer Kristall.

Du mein Friede! Ich will nicht
der Krieg sein, trotzig und hart -
denn das du mir gabst, das neue Leben,
zu jung und zu golden knospend war.

Sterne

Nun ist's vorbei. Nun wache ich auf.
Zu gehen ist ruhig, zu gehen ist leicht,
wenn zu erwarten es nichts mehr gibt,
und nichts mehr zu tragen an Leid.

Rotes Gold gestern, trocknes Blatt heut.
Und morgen ist alles vergangen.
Doch füllen still brennende Sterne den Raum
wie auch zuvor den Abend.

Nun will ich mich selbst verschenken,
bis von mir kein Krümel bleibt.
Sagt, Sterne, wollt ihr empfangen
eine Seele, von Schätzen frei?

Bei euch ist Freiheit ohne Makel
in ferner Frieden Ewigkeiten.
Es sah wohl nie den Himmel leer,
wer euch übergab sein Träumen und Streiten.

Das Unbekannte

Noch nie sah ich deine heilende Hand.
Du kommst ungeahnt in der Dunkelheit.
Ich warte schweigend und vertrauend
in Einsamkeit.

Du Schwester, Mutter, du, ich und nicht ich,
du Rätselschaum: Dein Name ist Nacht.
Ich ahn' deine, mächtig, gewaltige blinde
und stumme Macht.

Du kennst Schreckenstiefen, die ich nie gesehn,
geheim dein Gesetz, das ich zitternd stör.
Doch kennst auch den milden Trost, den mir
der Tag verwehrt.

Ich hab in dir meine Wunden verborgen,
die leere Seele den Dornenschmerz fühlte.
Du berührst im Dunkel den Dorn – er springt auf
zur Wildrosenblüte.

Glücklich, der Götter hat

Glücklich, der Götter hat:
Er hat ein Heim im Leben,
hat tröstlich festen Grund,
wie ihn nur Götter geben.

Als Kämpfer reih dich ein
in die Altarrunde.
Erlöst sei deine Seele
in der Gebete Stunde.

Ruhe findest du
nur in der Schlacht.
Aus klirrenden Schilden
ist Frieden gemacht.

Zwing dich zu Waffen,
Gefahr und Glauben –
dann ist dir errichtet
dein Zuhause.

Dem Dichter

Du *wusstest* damals...!
Denn hättest du's nicht gewusst,
nie wär dir dann gegeben, es zu sagen.

Seltsame Dämmerungsfreude, dass du auch wusstest
all diese Schwere.
Deine verlorene Freundschaft geht durch die Zeiten.
Sie besänftigt den Fieberbrand.
Und schlafe ich ein, getröstet,
sitzt du, kommt's mir vor, wie ein Vater am Bett und hältst
meine Hand.

Der großen Masse

Sie haben gewonnen. Sie ruhn. Wie ihre Kronen leuchten.
Ihre lange, lange Ruhe hat kein Ende.
Sie schmeckten das Dunkel. Sie tranken den Tod.
Ihr Wort war ewig: „Amen!"
Ihr treuer Gott
band in der schweren Nacht ihren Ehrenkranz.
Sein Name ist mehr als Freude.
Sein Name ist des Lebens tiefe Tapferkeit.

Sie haben gewonnen. Sie ruhn. Wie ihre Kronen leuchten.
Halten wir durch. Sieh, das Leben ist nicht lang.
Auf dass wir gedenken der Ruhe. Auf dass wir gedenken der
Krone.
Auf dass wir erinnern das Losungswort.

In kargen Himmels Geborgenheit
ist uns ein Wohnsitz, feste Burg gebaut.
Ihr Name ist mehr als Freude.
Ihr Name ist des Lebens tiefe Tapferkeit.

Lerne zu schweigen

Jede Nacht auf Erden trägt Schmerz.
Herz, lerne zu schweigen.
Die harten Seelen, die harten Schilde
spiegeln das Licht der Sternenheimat.

Dein Klagen macht dich nur schwach.
Herz, lerne zu schweigen.
Nur Schweigen heilt, Schweigen stärkt,
unberührt, schuldlos und wahr.

Du suchst des heißen Lebens Qual!
Herz, lerne zu schweigen.
Von Wunden und Fieber ist niemand erstarkt.
Leicht wie Stahl ist die Himmelsburg.

Die unsichtbaren Dinge

I

Ihr treuen Dinge,
voll treuer eigner Begierde,
ich vergesse bei euch
dass ich Menschen liebe.

Ihr sicheren Dinge,
ich lass mich in euch friedlich fallen,
denn Tau und Nebel sind
der Freundschaft Versprechen alle.

Ihr starken Dinge,
weder Körper noch Seele.
Bereitet mir das sicherste Bett,
in das ich mit euch mich lege!

II

Und doch – du, mein Freund,
der mir die Dinge gab.
In ihnen deine Schönheit.
Es ist sonst niemand da.

Du wurdest mein starker Durst,
nach weißer Welt begehrend.
Dein Anblick gab mir Kraft,
Kummer von mir zu wehren.

Du blickst auf ferne Ziele
du breitest dein Flügelpaar,
Mein Weg ist Weg zu dir.
Es ist sonst niemand da.

An den Schlaf

Nächtliche Taufe der Tiefen,
du, an deren Ströme Rand
vermeinte der Geist ein Meer zu streifen,
das der Tod genannt –
Das Meer des Lebens hat er berührt,
erschreckendes Leben,
im Jenseits geführt…

Teil deiner Betäubung Geheimnis!
Langsam steig ich
im unterirdischen
nebligen Wasser auf,
das unsichtbar wäscht
des Taglebens Wurzeln,
das unsichtbar trägt
des Taglebens Schaum -
das aus dem Dunkel
ersteigt, erwacht,
Verstandeswissen unergründlich,
des Körpers feine, ehrwürdige
mächtige, mächtige Herrlichkeit.

Teil deiner Betäubung Geheimnis,
spül von mir
des vergangenen Tages verdorrte
Reste und Staub!
Tod, der Leben gibt,
lass mich wieder steigen
ins Licht erneuerten Lebens hinauf!

Neue Wege

Hier führn neue Wege.
Lass uns fromm sie gehen.
Komm, lass uns suchen
Blumen, neu und schön.

Wirf weg, was wir besitzen!
Alles Erreichte beschwert,
drückt leblos uns nieder,
ist Träume, Lieder und Taten nicht wert.

Das Leben ist das, was noch kommt,
unbekannt, ungesehn…
Komm, lass uns vergessen!
Lass uns sein neu und schön!

Unversehrt

Unversehrt von Rauch und Brand
geht der, der wirken will.
Hör, du Abenteurergeist,
hör gut zu, sei still!

Wildflügliger Schmetterling,
alle Blüten sind dein.
So tratest du ungestraft
in die Todesblüte ein,

flogst kindlich aus den Tiefen
der allergrößten Not,

unschuldig, rein wie Feuer
war dein Zukunftsdurst,

sachte lachend, sachte
- hat ein Weg Tränen verdient? -
siehst das Leben locken
als unerforschtes Gebiet.

Ohne Scham, ohne Schuld
wägst du Böse, wägst du Gut.
In wenigen Schritten fandest du
alles, was du gesucht -

Schritte, sie führen zur Tat.
Hör zu, mein Geist, sei still!
Unversehrt von Rauch und Brand
geht der, der wirken will.

Frühlingslied

Im Frühling, in Keimzeit,
bricht Samen die Schal',
wird Roggen zu Roggen und Kiefer zu Kiefer
in Freiheit ohne Wahl.

Ein Schauer der Wollust
greift Seele und Leib –
und ich bin ich, notwendig ich –
der Spross, wie er treibt,

Knospe mit Kraft eines Wachsens,
die mir unvorstellbar schien –
aber des Baumes bitteren Saft,
mit Lust erfühle ich ihn.

Also fort, meine Feigheit!
Meiner Zukunft gehöre ich an.
Ich nehme mir jetzt das Recht zu wachsen,
wie es die Kraft meiner Wurzel verlangt.

Sternentrost

Ich fragte einen Stern des Nachts
- ein Licht, wo niemand lebt -:
„Wem leuchtest du, du fremder Stern,
der klar und hell dort geht?“

Er sprach zu mir mit Sternenblick,
mein Mitleid von mir nehmend:
„Ich leuchte in die ewige Nacht,
Ich leuchte dem Raum ohne Leben.

Mein Licht ist eine Blüte, die
im Herbst des Weltraums welken muss.
Dieses Licht ist all mein Trost.
Dieses Licht ist Trost genug.“

Abendstille

Fühl, wie nah ist uns die Wirklichkeit.
Sie atmet nebenan
im Abend ohne Wind.
Sie zeigt sich, wenn du es nicht wähnst, vielleicht.

Es streicht noch über's Gras ein wenig Sonne.
In ihrem stillen Spiel
birgt sie des Lebens Geist.
So nah wie heut' Nacht war er noch nie gekommen.

Einen Fremden traf ich, stumm seine Lippen.
Mit ausgestreckter Hand
hätt ich seine Seele berührt,
als wir nah uns kamen mit scheuen Schritten.

Sieg

Der Sieg, der Sieg ist ohne Stimme,
aus der ein rasender Jubel bricht.
Gibt es so einfache ebene Wege
unter so nüchternem sparsamen Licht?

Der Sieg, der Sieg ist ohne Farbe.
in seinem Blick wird jede Pracht arm.
Er gleitet mit stillblassem Heiligenschein
heim von Lügen und Lärm.

Der Sieg, der Sieg ist selten gesehen,
ein Geist, der den Weg schon verlässt.
Selig, die seine klare Gestalt
mit Licht erwarten am Totenfest.

Das Kind

An den Felsen lag Prometheus geschmiedet.
Es kam ein Kind in früher Morgenstunde.
„Bleibe, Kind, und schau
den Menschenfreund in Eisen geschmiedet
für all das Gute, das er getan!"
Doch das Kind erschrickt
von der Größe der Worte, der Augen Trotz,
huscht mit einem Gebet an Zeus
fort zu anmutigen Spielen –
Ich will dir folgen, wohin du auch gehst.
Weise und Kinder, sie spielen mit dem,
was im Himmel verborgen.

Quellwasser

Quellwasser ist Gerechtigkeit,
farblos und klar.
Schwer fasslich ist sein
eigen feiner Geschmack.
Ärmlich scheint solch Getränk,
wird uns Wein gegeben.
Wasser allein ist die Quelle,
nach der ich dennoch mich sehne.

Wasser allein ist Gerechtigkeit
unerreichbar, klar -
bitterer Trunk, schwer zu lieben,
zu nah und unnahbar.
Herr, gib mir Gerechtigkeit,
meine Seele mach dieser Art!
Herr, gib mir Wasser,
farblos und klar!

Du sollst danken

Du sollst deinen Göttern danken,
die dich zwingen, dort zu gehn,
wo keine Fußspur, der du
trauen kannst, zu sehn.

Du sollst deinen Göttern danken,
die alle Schande ziehn auf dich.
Denn suchen sollst du
Zuflucht innerlich.

Es gerät nicht immer schlecht,
was verdammt ist von der Welt.
Die eigne Seele erringen oft,
die man für Verdammte hält.

Es schaut mit Blick des Neugebor'n
wer getrieben in wilden Wald,
und dankbar wird er schmecken
des Lebens Brot und Salz.

Du sollst deinen Göttern danken,
brechen sie deine Schal'.
Kern und Wirklichkeit sind
dann deine einzige Wahl.

Großvater

Großvater sah ich im Sommernachtslicht
im nächtlichen Kleeduft allein.
Am Hofbrunnen
stand der gebeugt,
schärfte die Sense der Schnitter.
Wie ein welkender Schatten so grau,
so alt wie der Hof schien er
und schien wie dieser noch immer lebendiges Leben zu leben.
Sein brüchiges Lied werd' ich nie vergessen.

„Du mündiger Vater im Hof,
dem Großvater bleibst du ein Junge.
Als erster wendete er deine Erde.
Wenn der Pflug seine Furchen zieht,
denkst du dann an mich?
In heidnischer Zeit
war ich's, der aus fortgeräumten Steinen
den frühsten landgrenzenden Hügel errichtet.

Tausend Jahre
hab ich gebaut, gebaut mit euch allen, wie ihr auch bautet,
hielt die Pflugschar mit euch allen, die ihr pflügtet.
Ich habe Anteil an eurem Werk
und hab ein Recht zu verlangen.
Wohl wisst ihr, was:

Dass die Saat, die heilige, wachse
beständig, beständig
hier auf den Feldern, auf denen
als erster ich gesät."

Manche Herzen sind Schätze...

Manche Herzen sind Schätze,
unerschöpflich groß.
Großzügig wie Strahlen der Sonne
gibt ihr Besitzer sie los.
Wir nehmen sorgsam und dankbar
das Geschenk in die Hand.
Wir wünschen dir Glück, gesegnet seist du,
der achtet das Gold wie Sand!

Manche Herzen sind Feuer,
die tief verborgen brennen.
Du kannst in kältester Nacht im Schnee
ihren Widerschein erkennen.
Niemand so zaubergebannt
in solcher Sehnsucht brennt,
als der, der den Schimmer sieht eines Nachts
und sich nach dem Feuer sehnt.

Der Himmel trägt diese Nacht kein Gewand

Der Himmel trägt diese Nacht kein Gewand.
Er zittert nackt.
Nie zuvor sah ich seinen Blick
so überaus wach.

Wenn du einschläfst, sag heut' Nacht:
Ein Tag ist gewonnen.
Der Weg, auf dem man alles verliert,
hat Rast genommen.

So sollst du leben Tag für Tag
und stets verlieren,
und willst doch bis zum letzten Tag
solch Leben führen.

Sehn wirst du, stark ist das Leben für den,
der brennen kann.
So wird jeder Verlust zum Gewinn –
weil du es kannst.

Geh immer weiter zum Lebensgrund,
das dich nackt geboren,
jenseits aller Träume Verrat –
bist du unverloren.

Muss dann im Moment des größten Verlustes
deine Seele verbrennen,
geht sie in die Stadt der erloschenen Lichter.
Ein Tag ist gewonnen.

Der Wanderer

Sag mir, Dunst des Wissensbrunnen,
gibt's hier Dinge für mich zu sehn?
Schwindel packt mich, Lachen, Schrecken.
Die Luft trägt Stege, die kann man gehn.

Allein mit dir, du Adlerauge,
wandre ich weit und viel
gefrorene Wege, klirrende Wege
ohne Ende und Ziel.

Alle heiligen Liebestage
kennen Abend und Einsamkeit.
Du wartest treu im Abendlicht,
hältst Ausschau, weißt Bescheid.

Was immer ich treffe, verlasse ich wieder.
Dunst, du heilst das brennende Weh.
Klirrende Wege, klirrende Wege
glücklich ich mit dir geh.

Folg mir durch die Lebenstage,
lehr mich zu sagen des Dunkels Tür:
„Nichts wusste ich und wenig weiß ich,
doch es wurde mehr!“

Wunsch

Ach lass mich richtig leben
und einst mich richtig sterben,
dass ich berühr die Wirklichkeit
im Guten wie im Bösen.
Und lass mich stille sein,
und was ich seh, verehrn,
dass dieses darf sein dieses
und muss nicht sein noch mehr.

Wenn nach langem Leben
noch übrig wär ein Tag,
ich suchte mir das Schönste,
das die Erde hat.
Das Schönste auf der Erde,
das ist Ehrlichkeit,
Sie allein macht Leben zum Leben
und zur Wirklichkeit.

Denn es ist die weite Welt
ein taubedecktes Blatt,
und in des Blattes Schale ruht
ein Wassertropfen klar.
Dieser eine stille Tropfen
muss des Lebens Auge sein.
Ach mach mich wert, hinein zu schaun!
Ach mach mich klar und rein!

Einem Freund

Mit weiten Flügeln segelt hoch der Adler.
Dünn ist die Luft, wo er gleitet, und schwer zu atmen.
In des Gebirgswinters trostloser Luft einsam fern
sind Dämmrung und Kälte sein Gefolge -
seine einzige Freude
die Freude im Flug die starken Flügel zu fühlen.

So hoch ziehst du durch den leersten Winterhimmel,
mit Mut des Adlers und Kraft des Willensfeuers.
Du brauchst kein Streben nach Glück, du wählst die Wege
so steil, dass sie uns erschrecken.

Bleich gehst du Wanderer,
wanderst mit Schritten so stark und so rasch wie der Wind.

Meine Welt gleicht der deinen, und gleicht ihr doch nicht.
Mein Stern tanzt lachend umgeben von Sternenrätseln.
Von fern lieb' ich deine eisengraue Freude.
Lass mich an deiner Seite gehn
und mein Blick soll berührn
deine Winterwelt und dein Willensfeuer.

Brennende Kerzen

Nun schreit die Nacht laut auf in Not,
voll unbekannter Angst.
Nun zünde ich dem ewigen Dunkel
hier zwei Kerzen an.

Kommen die Engel des Herrn vorbei,
ruft zu ihnen das Licht.
Sie hör'n mein Gebet als der Flammen Gesang,
und tragen es heim mit sich.

Kämpfer sind sie, in Feuerpanzern
mit Botschaft des Allmächtgen.
Sie haben kein Wort für hart und süß,
doch wohl eins für brennende Kerzen.

Drum stehn sie auf des Sturmes Rücken
inmitten peitschender Schwingen,
belächeln leichthin der Dunkelheit Macht
und schätzen die Kälte geringe.

O schrecklicher Gott! Deines Umhangs Rauschen
greift nach meinem Herzen.
Ich bete um Blumen, ich bete um Frieden -
doch gib mir brennende Kerzen!

Lieder vom Schicksal

I

Das Schicksal ist eine Wüste.
Dort wohnt Gott.
Suchst du dein eignes Sinai,
erfährst du sein Gebot.

Das Schicksal ist ein Boden
von Steinen übersät.
Es wird sich Brot gewinnen,
wer schwer an ihnen trägt.

In des Himmels Hallen
geht niemand ein, bevor
er eintrat ohne Furcht
durch des Schicksals Tor.

II

Du weißt, du bist gekettet
und hörst der Ketten Schall.
Doch der macht sich ein Schild daraus,
der schmiedet ihr Metall.

Du weißt, du trägst ein Gift.
Doch jeder Todessaft
wird in weiser sanfter Hand
zur heilenden guten Kraft.

Du glaubst, du trägst ein Kreuz,
als Werkzeug wird sich's erweisen.
Der Stoff des Lebens: Sieh her, greif zu
und lass den Märtyrer reisen.

III

Wünsch nichts, was ein andrer erhalten:
Alles nur einmal geschieht.
Wünsch dir nichts von dem, das der Dichter
besang in seinem schönsten Lied.

Liegst du wach in sternklarer Nacht,
klopft Schicksal an deine Tür,
sucht dich mit Augen solch fremder Farbe,
noch niemals sprach einer von ihr.

Sie sank wie Tau aus der Luft,
erschaffen aus Weltraumsamen,
und niemand begegnete ihrem Blick
und niemand gab ihr einen Namen.

Sie kam zu dir aus dem Land des Nichts,
die nur für dich entstanden ist,
und niemand, niemand hat jemals
sie mehr als du geküsst.

Die Asen und die Elfen

I

Die Asen und die Elfen teilen die Macht

Der Ase ritt mir frostweißen Waffen
über die Regenbogenbrücke.
In dunklem fernen Eisenwald zeigte
sich triefender Drachenschlund dem Blicke.
Die Namen der Riesen erklangen,
der Schwerter Blitzen und Schall,
das Donnern der Hufe, das Hallen der Stimmen
trug bis ins weite All.

Die Elfen gingen sanfte Pfade,
ins grünende Gras sie führten.
Die Bäume blühten, wenn Elfenfüße
die knorrigen Wurzeln berührten.
Es zog ein Frühlingssprießen ein,
der das Erdkönigreich erfreute.
Es leuchtete weiß die Nacht im Mai
vom Weiß der Elfenhäute.

Die Asen und Elfen zogen zum Thing
und teilten auf Erden die Macht.
Wie steinerne Bilder die Asen saßen,
schwer von Urzeiten Pracht.
Die Elfen glitten wie Schatten
– wohin sie nur wollen, sie gehen –
Schatten von etwas, das noch nicht ist,
doch einmal kann entstehn.

Die Asen und Elfen berieten sich
Und teilten die Erde so ein:
Das, was erreichen kann Hand oder Wort,
sollte den Asen sein,
und alles, was je gesprochen wird,
alle Zeiten, die gingen und kamen.
Den Elfen das, was übrig bleibt:
Alles Neu' ohne Namen.

Die Asen und Elfen berieten sich
Und teilten das Menschengeschlecht:
Den Asen die, die ans Erbe sich halten,
an väterlich altes Recht,
wer Häuptling, wer Krieger, und alle,
die da sind die Opferpriester,
und alle, die in Tempeln beten --
von Osten bis Westen gilt es.

Die Asen und Elfen teilten die Menschen
und hatten sich dieses versprochen:
Den Elfen all', die dem Tag blind gehorchen,
der noch nicht angebrochen.
All', die dem Wald das Opfer bringen,
nicht achtend der Väter Gesetz.
All', die wie wilde Bäume wachsen -
von Norden bis Süden erstreckt.

So sprachen sie, beherrschten sie
den ganzen Erdenring.
Den Asen, was Parole im Kampf
und sichtbares Zeichen und Ding.
Den Elfen Herrschaft an Dingen, die ohne

Namen seit aller Zeit.
Und was sie haben und was sie geben,
ist Flamme der Fruchtbarkeit.

II

Der Elf Dagur singt vom Schicksal

Geopfert war er am Weltenbaum,
neun Tage hing er daran
– So bleich, wie ich noch nie gesehn
einen Gott oder Mann –
aufrecht, fest geschlossen der Mund,
die Hände geballt wie ein Schild,
so stand der, der über dem Opfer
die Augen geschlossen hielt.
Mein Geist sprang
auf wie eine Schlange, rief: „Wer hat das getan?"
Es sprach die dunkle Stimme, zitternd und leise:
„Ich selbst hab es getan."

Wenig weiß ich vom Weisheitsbrunnen
sehnte mich nie hin.
Sein Glanz ist schwarz. Ich kenn eine Quelle,
silberweiß Leuchten darin.
Tief, tief an den Wurzeln des Lebens
die Welle wäscht meinen Geist.
Niemand fordert mein Auge als Pfand.
Ich trinke dort frei.
Wie ein Strom
Fließt mein Tag – ich hör nachts im Traum wie im Wahn,
als wär' mir nie selbst sie gegeben, die seltsame Antwort:
„Ich selbst hab es getan."

Dann scheint mir der blühende Erdenfrühling
wie toter Staub so karg,
seh ich den, der in pfeifender Luft der Esche
sich selbst das Opfer war.
Dann sucht mein Gedanke vergebens den Brunnen,
würdig solcher Tat,
den Trank, der mit solch teurem Opfer
grausam gewonnen war.
Keine Macht
wie derer, die schwiegen, die schwiegen und haben's getan.
Durchs Dunkel leuchtet mit Flammenpracht:
„Ich selbst hab es getan."

Die Alte Seherin sprach wahr.
„Die Starken", ihr Spruch einst klang,
„sind geborn für den Blick hoher Mächte
und bebender Menschen Gesang.
Je mehr ein Starker Leid kann ertragen,
Schwereres lernt er dann.
Die dunklen Nornen dann freun sich zu sehn,
wie schwer ein Mensch tragen kann."
Ich trug nie
eine Last – und wüsst' nicht, dass ich eine fortgetan.
Doch dieser Traum, so stolz wie er ist keiner:
„Ich selbst hab es getan."

III

Odin und Rinda

(Durch verbotenen Zauber gewann Odin die Elfentochter Rinda, die nach dem Rat der Nornen Baldurs Rächer zur Welt bringen soll.)

„Dunkle Runen graviert' ich, wie sie nie schnitzt eine Hand.
Ich, der ich Häuptling genannt der Himmelshall'.
Himmel und Erde werden zerspringen. Himmel und Erde sind krank.
Schuldgebeugt werd' ich fallen an Vigrids Wall.
Einmal unwiderruflich geschieht, was alles geschieht.
Einsam, ewig gemeißelt steht es in Stein."
„König, eins weiß ich. Es atmet beständig die Erde, es blüht der Frühling einst wieder. Auch Herbst stellt sich wieder ein."

„Im Anfang der Zeiten der Erdwälder leises Murmeln sich regte,
die Macht der Götter allmächtig noch, überall.
Die Welle des Schicksals, die der Nornen Fäden bewegte,
brachte hervor ein Meer von tiefem Kristall.
Schlafe, der Nornen Weberschiff! Denn es wird nichts verwandelt.
Welten erwachen in neuem Sonnengold."
„Einmal hab ich unwiderruflich schon gehandelt
und sehn mich auf Vigrids Wall zu begleichen die Schuld."

Der Baum

Ist meine Tür geschlossen und gelöscht das Licht
und im Atem der Dämmerung sitze ich,
dann fühl ich um mich herum bewegen
den Baum und seine Zweige.

Ich bin allein im Zimmer. In mein kleines Reich
breitet der Baum seinen Schatten blumenweich,
er, wie unergründlich fremdes Denken,
still lebend, wachsend, schweigend.

Geheime geistige Kraft. Verborgen im Stillen
legt sie in seine Wurzeln ihren Willen.
Manchmal erschreck ich und frage bang:
Sind sicher wir Freunde einander?

Ruhig wächst er immer noch und lebt
und ich weiß nicht, wohin er noch will und strebt.
Süß und magisch, jemandem nah zu sein,
der doch ein Unbekannter.

Schildmaid

Ich träumte vom Schwert letzte Nacht.
Ich träumte vom Kampf letzte Nacht.
Ich träumte, ich kämpft' dir zur Seite
gerüstet und stark letzte Nacht.

Es blitzte scharf aus deiner Hand,
der Troll lag vor dir erschlagen.
Geschlossen die Reihen ging leicht unser Sang
durch des Dunkels Gefahren.

Ich träumte von Blut letzte Nacht.
Ich träumte vom Tod letzte Nacht.
Ich träumte, ich fiel dir zur Seite
tödlich verletzt, letzte Nacht.

Entgangen war's dir, dass ich fiel,
Dein Mund war ernst geschlossen.
Den Schild mit fester Hand du hieltst,
gingst vorwärts unverdrossen.

Ich träumte von Feuer letzte Nacht.
Ich träumte von Rosen letzte Nacht.
Ich träumte, mein Tod war schön und gut.
So träumte ich letzte Nacht.

Herde

Widmung

Hier in Uppsalas Eb'nen, öd und karg,
wanderten wir oft in Winternacht.
Wir gingen schweigend. Die Ebene lag nah.
Die flammenden Sterne waren schon immer da.

Die Sterne flammten, stumm Schrecken bereitend.
Wir gingen, Fremde, Seite an Seite,
getrennt unsre Blicke, getrennt unser Streben.
Beide liebten wir Himmel und Eb'ne.

Den Feuern hatte hier altes Volk Herde gebaut,
hier, wie in fernem Weltenschimmer geschaut.
Feuer dem Feuer in fernen heidnischen Zeiten.
Auf gefrorner Erde wussten sie Tiere zu halten.

Die ersten Pflüge pflügten erstes Land,
als Wolfsgeheul noch aus dem Wald erklang.
Hier im heiligen Schein der brennenden Scheite
buken sie hartes Brot aus grobem Getreide.

Im Hof versammelt brachten sie Opfer dar,
wenn drohend nah der Fimbulwinter[1] war,
unter ächzenden Gewölben zitternd
im Weltnachtsbeben, Erdenrund erschütternd.

---

[1] *in der nordischen Mythologie ein mehrjähriger extremer Winter (Anm. des Übersetzers).*

Sieh in den Ebenen die Lichter funkeln,
wie sie kämpfen gegen des Winternachts Dunkeln.
Die Nacht ist endlos und nur Borke die Erde.
Gib mir deine Hand! Wir sind die Kinder der Herde.

1

Den Frieden wahr'n Wälle aus Eis und Stille
in meinem Tagesanbruchsland,
wo Luft erzittert, bleich vor Hunger
nach der Sonne Leben und Brand.
Dornensträucher im kahlen Stamm
bang wartend hart die Flammen hüten,
die betteln und flehen und danach streben,
endlich auszubrechen in Blüten.

Du allein, du kennst das Wort.
Sprich, sprich und wecke mein Land!
Befrei die Bäume aus Morgendämmern,
entflamme die Luft mit deiner Hand.
Von Blüten beregnet solln sein deine Tritte,
von Strahlen umtanzt dein Mund, lächelt er.
Sprich, sprich! Ich will dir blühen,
dir zur Freude, und nichts mehr.

Stumm ist der Raum, blass von Hunger,
Kaltstarr meine geschlossene Hand.
Den Frieden wahr'n Wälle aus Eis und Stille
in meinem Tagesanbruchsland.
Ich weiß es wohl: Das Zauberwort
wird nie gesagt, macht nie mich frei.
Stumm schließen sich deine schmalen Lippen,
gehst du wie ein stolzer Hirsch vorbei.

2

All meine Seele band ich an einen Gedanken,
hart, hart fühlte ich ihn mit der Hand.
All meine Seele warf ich fort durch die Lüfte
weit weg zu dir hin.
Siehst du sie liegen wie Meteoritengestein
noch vom Fluge glühend dort im Sand,
und wanderst vorbei in deinem schwingenden Rhythmus
hast du mich sicher nicht im Sinn.

All meine Seele band ich an einen Gedanken,
all meine Seele liegt schwer zu deinen Füßen.
Selbst bin ich so leer, dass es weh tut und schmerzt.
Du, mein Freund, mein lieber!
Bemerkst du's nicht oder willst du es nicht merken?
Dies Ding aus seinen zitternden Wurzeln gerissen?
Keine Verwendung für meine arme Seele?
Bin ich im Weg dir nur wieder?

3

Nehm ich deine welkende Hand
verdorren alle
Träume von Sonnenland.
Lass sie fallen!
Blumen in Rosa und Weiß
zu erntende Früchte
sind alle nichts wert
vor deiner Bürde.

Wellen mit salzigem Schaum,
Felsen, goldene,
blass sind sie gegen das Grau
deiner Abende.
Kann ich des Schicksals Schlag
dir nicht heilen -
Lass mich den bitteren Tag
mit dir teilen!

Gib mir deinen kargen Herbst!
Ich weiß, wie man friert.
Gibt's nur einen Schimmer an Trost,
er leuchte dir.
Dir wird nur ein Lichtstrahl
hier gegeben
in deinem leeren Haus:
Ich gebe mein Leben.

4

Jedes Wort von dir ist Samen
verwurzelt tief im Grund.
Ich erwach mit geheimen Schmerzen,
werd nie davon gesund.

Jede Regung, die du tust,
wie bitt'rer Durst mich zehrt.
Dein Blick, der Tonfall deiner Stimme:
wie hell und groß mir's wird.

Mein Tag ist grau dem Ich und Mein,
macht stumpf meine Gestalt.

Doch spiegelklar die Welt der Nacht.
Dort bist du alles, alles!

5

Der Tod, scheints mir, ist wie du,
so groß und so bleich wie du,
die selben Schläfen, in selbem Gewölbe gegossen,
Meeraugen, weitäugig wie du.
Und die selben Lippen, schmerzlich geschlossen.

Du bist der Tod und ich bin dein.
Mein Geist, meine Hand sind dein.
Betäubt hast du in mir alles Lebenskeimen,
in traurigen Schlaf gewiegt
die kaum erprobten Flügel von Tat und Träumen

Doch liebe ich dich, mein Tod,
mein langer bittrer Tod,
in dessen geschlossener Hand verdorrt mein Leben,
mein süßer, süßer Tod -
Gesegnet jede Qual, von dir gegeben.

6

Alles, alles, was ich besaß,
war deins mehr als meins.
Alles Schönste, das ich wollte,
war deins, deins, deins.

Laut hab ich mit dir gesprochen,
wovon doch niemand weiß.

Du warst auf meinen endlosen Wegen
meine Einsamkeit.

Lag ich wach in der Nacht
gedankenlos und stumm,
atmete ich und spürte dich,
überall warst du.

Leblos ist das Leben,
wo du bist fern,
die Welt eine riesige Schale,
doch ohne Kern.

7

Frühling war's, doch dacht' ich, es wäre Herbst,
ich pflückte Lilienglocken in Kungsängens Ebene.
Mein Herz, es war wie sie – nur war es schwer –
eine stumme, rote Glocke, die sich nach Stimme sehnte.

Wohin geht es, das Lied, erstickt, eingeschlossen?
Wohin geht Sehnsucht, wenn sie nichts erreicht?
Es ist vielleicht gemischt in Erde und Wasser.
Im Pfeifen des Windes, dort ist es vielleicht.

Ich kann es nicht mehr tragen, obwohl doch nichts geschah.
Erschöpft bin ich. Was hab ich denn getan?
Hab ich in Ländern gekämpft, die niemand sah?
Welch Mühn ertrug ich am Tor des Sonnenaufgangs!

Ich baute eine schimmernde Marmorburg
aus Steinen, die ich geschleppt in schlafloser Nacht.

Niemand bemerkt, dass aus Tränen die Tropfen des Brunnens
und aus meiner Angst die Zinnen der Burg gemacht.

Wie Feuer flammen die Rosen gegen der Säulen Stein.
Sonnenweiße Türme trinken des Himmels blauen Frieden.
Doch über der Pforte steht TROST. Und die Luft ist rein.
Die Engel bitt ich, dass sie dich dort wohnen ließen.

Ich stelle meine Glocken an deine verschlossene Tür.
Ihnen die Zungen zu lösen, lag nicht in meiner Hand.
Du sagst, dein Leben sei noch immer so bitter wie früher.
Doch baut' ich dir ein Schloss in fernem, fernem Land…

8

Was einmal gesagt, bleibt immer gesagt,
bleibt bis zum Ende der Zeit gesprochen.
Und keine Nacht der Angst hat die Macht
und macht es wieder ungesprochen.

Doch seltsam: Ein einziges Wort vermag
die Schönheit ersticken, die wir erinnern,
bis jeder Traum zu Erde ward
und nichts bleibt als Reue im Innern.

Zwei Jahre wuchs eine schwere Zeit,
als schönste Dinge knospend entstanden,
bis dann das Wort fiel, das ewig bleibt
und macht mein Leben zur Schande.

9

Auf Knien will ich danken,
dass du gelächelt hast.
In unruhig erstickender Luft hast du
milden Wind entfacht.
Bitteres Salz sind die Tränen,
die ein Reuiger weint.
Ich weiß, dass du verachtest.
Ich weiß, dass du verzeihst.

In langen Tagen und Nächten,
habe ich grausam gelernt,
dass wir verlieren müssen,
was uns am meisten wert.
Deinen Saum will ich küssen,
dass du gelächelt hast.
Dein Spott war ohne Hohn.
Mir genügte das.

10

Ich spüre deine Schritte im Saal
mit jedem Nerv, deine eiligen Schritte,
von niemand sonst bemerkt.
Um mich weht ein Wind aus Feuer.
Ich spür deine Schritte, geliebten Schritte,
und die Seele schmerzt.

Du entfernst dich weit in den Saal,
doch wogt die Luft mit deinen Schritten

Und singt, singt so wie das Meer.
Ich lausche gefangen in zehrendem Zwang.
In deiner Rhythmen Rhythmus, im Takt von deinem Gang
schlägt mein Puls vor Hunger nach dir.

11

Es gibt ein Glück des Todes,
ein Glück des Untergangs,
das nur einer geben kann
meinem durstigen Munde,
ein Glück, das unerbittlich
in sinnloser Umarmung,
in des Vernichtungs Brunnen
sinkend tief und dunkel.

Ich entriss mich deines Schattens.
Er wächst um mich herum.
Ich gehe meine Wege
und höre deinen Namen.
Ich wähl das Tageslicht
und ich will dein Dunkel.
Ich gäb mein Leben und Augenlicht
für deine Seele und dein Umarmen.

12

Sieggekrönt hat mich der Leiden Kranz
aus brennenden Blüten neuer Qual,
obwohl meine Schande von deiner kühlen Hand
getilgt und barmherzig mild dein Urteil war.

Ich bin taumelnd trunken von Schmerz und Weh.
Ich nahm vom bittern Trunk, den ich begehre.
Ich will mehr. Ich will des Bechers Boden sehn.
Ich will hier auf deiner Schwelle sterben.

Nun lebt die Nacht, nun ist der Raum voll Macht,
die Erde, die Dinge sind nun Wirklichkeit.
Wie selig in des großen Dunkels Pracht
und heiß bin ich von der Schmerzen Lebendigkeit.
Stolz bin ich, Leid zu teilen, dir gehörend,
reich an alten von dir geweckten Qualen.
Doch die mich schwindelnd mitreißt, diese Freude,
sie ist des Todes Atem.

13

Es fällt der Schnee, es weht der Wind,
das Wasser der Fyris gefroren,
die Erde lahm, der Himmel blind,
das Leben trostlos, verloren.

Es gab diesen Traum, diesen Traum gestern Nacht.
Erwacht bin ich wieder aus ihr.
Wann wieder brennt dein Schmerz so stark,
wann teil ich ihn wieder mit dir?

Ein Tag ist so lang. Ein Tag ist so lang.
Und die Nacht ist noch länger.
Eingefroren mein Geist in Zwang,
geschrumpft mein Denken und enger.

14

Festgefroren auf der Straße will ich stehn,
um die zwei Fenster im Giebel leuchten zu sehn.
Es lebt jemand dort, der mir so viel bedeutet.
Im Herzen krank werd' ich, wenn das Licht dort leuchtet.

Ich will hin zur Ecke, will langsam mich drehn,
dass ich von dir nur einen Schimmer seh.
Was bist du so nah… Was muss ich hier sein?
Krank werd' ich im Herzen, wenn das Licht dort scheint.

15

Fallende Sterne, von Nacht gestreut,
glitzernde, fliegende Feurigkeit,
Sonnen ertränkt in Dunkelheit.
Wer nennt dies einen Untergang?
Feuerzunge, du wirst sterben,
wirst verlöschen, wirst zerschellen,
alles verlierend wirst du verderben
schicksalsschwer wie ein alter Gesang.

Berggipfel, hoch, gewaltig gezeichnet,
bei Tagesanbruch die Meeresweiten,
riesige Wälder ausgebreitet,
das ist alles, was ich von dir weiß.
Im Schnee geblendet von Sonnenlicht,
betäubt von tosender Brandung Gischt,
von Kiefernwäldern berauschend besiegt –
so segne ich deine Herrlichkeit.

Misstrauen…

Denen trau ich, die als Bauern
ihren Boden bestelln.
Sie ziehn Kraft aus der nährenden Erde
und stärken die Erde selbst.

Denen misstrau ich, die in der Ferne
suchen ein Heim in der Not.
Sie beglücken so wen'ge, und nur ihrer Art.
Ich bin einer davon.

Eher streunt meine hungernde Seele
wie ohne Herr ein Hund
um vergitterte Häuser herum
und friert erbärmlich zugrund,

als angekettet in seinem Hof
in ehrlicher Pflicht zu wachen,
ein Heulen entlockend den heimatlosen
streunenden Wanderscharen.

Ich seh, wie sie ziehn über Heide und Moor,
in des Traumes Bann.
Ich weiß, ich bin Blut von ihrem Blut.
Wozu bin gut ich dann?

Im Dunkeln

Im Dunkeln lieg' ich, Glocken lauschend
wie sie tönen, läuten draußen
lange Schläge, schwer und gleich
als Atem tiefer Dunkelheit.

Betäubt, in Schlaf, in Nebel all'
gelöst ist das, was hat Gestalt,
im langen, schweren Donnerton
gefangen der Gedankenstrom.

Ich bin von denen, die kaum bestehn,
die nur Erinnerungen sehn,
hör'n des Dunkelherzens Schlag,
erwarten keinen nächsten Tag,

und fürchten keinen nächsten Tag.

Vom Zwang

Ein Armutspriester, das bin ich,
und der's auch immer bleibt.
Hat man nichts, dann wagt man viel,
sind Tat und Denken frei.

Ich hör' den Hohn der bösen Stimme:
„Deine Tugend kommt aus Not.
Was hast du schon zu entbehren?
Was wär, du *hättest* Brot?"

Gebettelt hab ich, das ist wahr,
an des Glückes Tor
und weinte, als ich nichts bekam
und leer blieb wie zuvor.

Mindert das der Predigt Wert,
wenn wahr ist, sie ist Zwang?
Dass man sein Schicksal lieben lernt,
ist Sinn von unserm Sang.

Im Schatten einer Wirklichkeit

Du bist einer meiner Träume -
dass niemand mich daraus erweckt! -
eine meiner schönen Kerzen,
dass Dunkelheit mich nicht bedeckt.
Kämpfst für Ziele, seltsam bleich,
geschliffner Stahl und Glas und Eis! -
ob der Traum
mich trägt am klaren Tag, wer weiß?

Der Träume Düfte spenden Trost,
kühl, kaum wahrnehmbaren.
Doch alle, alle gäb ich her,
für irdisch wirklich Wahres.
Hände will ich, Wärme fühln…
Liebe, keine Fantasie.
Das Leben will ich,
nicht den Traum, der's imitiert.

Die zwei Stämme

Volk des Zorns, der Distelheide,
für sie ist dieses Lied,
für die, die der Engel mit flammendem Schwert
aus dem Garten Eden vertrieb.
Distelflaum, Distelflaum
über die Felder geweht vom Wind
ohne Kraft zu wurzeln und wachsen,
wo die Lustgärten sind.

Doch weiß die Sage: Söhne der Götter
fanden schön die Erde einst
auf den Hügeln des Morgens, im goldenen
Glanz der uralten Zeit,
Menschentöchter dort zu Gast
in Nächten, mondberauscht,
und säten Kinder aus Äthersamen
des himmlischen Fürstenstammes aus.

Die Glücklichen, die ihre Nachkommen sehn,
in Händen noch Glück mit sich tragend.
Ich sah sie zwischen den Disteln gehn
an der Seligen Gestaden.
Doch Nächte gibt's mit ihrer Qual,
sie tragen auch ihre Werte.
Wer angstvoll wach die Nächte lag,
weiß mehr als mancher Gelehrte.

Ich sah sie inmitten der Disteln gehn.
So leicht, so frei und so pur,
von Sehnen zittert' ich und Verlangen

nach Blick, nach Regung nur.
Doch sag, wer berührte *unsere* Wurzeln?
Diese Seelen der glänzenden Flut
oder du – mit deinen Augen voll Nacht
und dem Mund, rot von Traumesblut?

Schwalben

Eilende, pfeilschnelle Schwalben, auf Flügeln ruhende
hoch in den Weiten, den blauenden,
windleicht im pfeifenden Wurf
die Trägheit der Erde verhöhnende,
wie ein Lachen,
klar, leichtes, klingendes,
trifft euer Flug unsrer Herzen Gewicht mit Verachtung,
wie ein Jubel,
aus Höhen springende
Botschaft von des Raumes eigener
lichtdurchdrungener spielender Macht…
Die Sonne sinkt,
doch bleibt mit euch oben des Tages Kraft,
und ihr hoch
mit spielend gewonnenem
luftigem Glück als Nachbarschaft.

An jemand, der sehr jung ist

Zarter Neumond,
weißer Neumond,
schimmernde Flamme, entzündet
im weiten Raum der Nacht,

klarer Bläuling,
sanfter Bläuling,
angespannt im Dämmerschein,
in Erwartung wach,

kleine Blüte,
helle Blüte,
Blättchen, wie Glas zerbrechlich,

Elfenwesen,
Frühlingswesen,
Kind, sei glücklich, glücklich!

Ich will mich stellen...

Aufrecht, gepanzert und gerüstet,
so ging ich voran -
doch meine Rüstung war geschmiedet
aus Angst und Scham.

Ich will die Waffen von mir werfen,
Rüstung, Schwert und Schild.
Feindschaft war's, was mir das Herz
in Kältestarre hielt.

Samen sah ich, trocken noch,
sah ihn wachsen, keimen.
Ich sah in kahlem Lande doch
das helle Grün sich breiten.

Mächtiger als jedes Erz
ist das zarte Leben,

das wehrlos, schutzlos aus dem Herz
der Erde wird gegeben.

Wo ich im Winter gefroren hab,
macht Frühling sich zu schaffen.
Ich will mich stellen der Lebenskraft
ganz ohne Waffen.

Ein ungezogenes Mädchen spricht

Ich hoff', dass du dich unwohl fühlst.
Ich hoffe, du liegst wach wie ich,
unruhig, ängstlich, aufgewühlt,
seltsam froh und schwindelig.

Doch so, wie's ist, bist du in Eile,
denn schlafen ruhig und gut willst du.
Ich hoff', es geht nicht allzu schnell...
Ich hoff', du kriegst kein Auge zu.

Die Sterne wachsen im Frühling

Die Sterne wachsen im Frühling,
große Tropfen, zitternd leis,
zart, wie lebende Wesen
mit Körpern, schimmernd weiß,
schwellen wie heilige Früchte,
sinken näher und näher,
sie reifen, und der sie trägt, der Himmel,
dem werden sie zu schwer.

Zitterndes Sternenwesen,
wehrlos nackt und schön,
das zu erwachen, lösen, gleiten,
die Erde berühren sich sehnt,
sehnt sich, seinem Schicksal zu dienen,
der Schrift, aus der Tiefe gegeben,
sehnt sich zu kämpfen und zu wirken,
will schmecken von Tod und Leben.

Der schwerste, weißeste von allen
hängt am Himmelsrand,
einer, willig, bereit und reif
zu fallen in jemandes Hand.
Fühl, die Zeit, sie ist gekommen
und jemand, der dich zu treffen sucht.
Mensch, der du von Sternengeist,
Schüttle in meinem Schoß die Frucht!

Torkel Tyre

Östlich des Dorfes Bjura
die Gegend öd und karg.
Von Fichten voller Flechten
scheint mürrisch sie bewacht.
Dort lebte Torkel Tyre
wegen Mordes in Acht.

Nah dem Dorfe Bjura
liegt ein moosiger Stein.
Verbirgt man sich dahinter
und bricht die Nacht herein,

sieht man des Dorfes Lichter
in ihrem warmen Schein.

„Dies Licht ist Halvars Hof.
Dies Licht ist Torstens Haus.
Da sitzt Torsten im Feuerschein
und schnitzt Figuren aus.
Dies Licht ist aus Kettils Stube.
Sie sind mir alle vertraut.

Was wusst' ich schon vom Lande,
auf dem ich sicher saß?
Ich steh in langen Nächten,
zähl den verlornen Schatz.
Gold schimmert über die Wehen
in schneeblauer Winternacht."

So stand er und sah und sah,
da hört' er Skier gleiten,
ein Mägdlein keuchend auf der Flucht,
zum Dorf will es verzweifelt.
Hinter ihr ein Schatten glitt
mit Augen, glühend, gleißend.

Doch Torkel nahm sein Messer.
Er schnitt, er stach, er stieß
und erhielt auch Antwort
von scharfer Zähne Hieb,
bis morgens er den Wolf getötet
und selbst todmüde liegen blieb.

Wir fanden ihn dort liegen.
Merke: Wir handelten gut!

Der Priester, den wir riefen,
nahm seiner Seel' die Not.
Im Schein der aufgehnden Sonne
schlugen wir Torkel tot.

Wir hätten sein Leben schonen können,
doch war es nicht viel wert.
Ein Mörder, das war Torkel.
Wir handelten, wie es bewährt.
Wir sind alle Männer vom Land,
und tun, was sich gehört.

Das Glockenspiel

„Es klingt das Glockenspiel und die Stadt lauscht still.
Solch ein silbernes Tönen hörte nie die Welt.
Niemand sonst besitzt solch ein kunstvoll' Spiel.
O du göttlicher Meister, welch Wunder hast du erstellt!"

„Keiner wirkt ein Wunder als Gott, nur Gott allein.
Keiner wirkt ein Wunder als Gott mit seiner Hand.
Wie Staub ist unser Leben, wie Schatten unser Tod.
Nur er verdient Verehrung in irdischem Lebens Land."

Da sprach der Fürst der Stadt: „Mein Glockenspiel ist herrlich.
Himmelshohe Ehre schenkt's uns'rer Stadt und mir.
Dass du niemand andrem deine Kunst verleihst,
verlange ich, o Meister, dein Augenlicht von dir."

„Die Hand zur Arbeit geschaffen, mein Geist zur
Schaffenskraft,
für hunderte Glockenspiele wurd' ich ins Leben geschickt.

Sieh, meine Augen leuchten vom allerhöchsten Feuer.
Kein Fürst der Welt entzündet's, ist's einmal erstickt."

„Für dich sei, was du wünschst, was Menschen geben können,
gefüllte Tafeln, sorglose Tage an sorglosem Ort,
– ich bin nicht grausam – und nie mehr Mühsalsstunden.
Sei zufrieden, denn ich steh zu meinem Wort."

„Ich muss wohl, milder Fürst, mich deiner Milde fügen.
Ich beuge mich der Macht und fürstlich schöner Sitte.
Doch lass mich nur noch einmal meine Arbeit sehn.
Du Mächtiger, du Milder, erhöre meine Bitte."

Er stieg hinauf zum Glockenturm. Er stieg wieder hinunter.
Der Henker nahm sein Augenlicht und führte ihn vom Ort.
Vor Schmerzen war er stumm. Doch stummer noch die
Glocken.
Nie wieder sollt man hören vom Glockenspiele dort.

Da sprach der Fürst der Stadt: „Du hast den Tod verdient.
Du stahlst der Stadt den Stolz, du Dieb, verdorben, schlecht.
Dein Stolz ließ Tausende an deiner Rache leiden.
Er sprach: „Ich sterbe gerne. Ich habe Gott gerächt."

Die zum Tode Verurteilten[2]

Vorbei der Prozess, das Urteil gefällt,
die Reden war'n gesprochen alle.
Der Verurteilten stille Gedanken
hielten Zwiesprach in stiller Halle.

---

[2] *bezieht sich auf den Justizmord an Sacco und Vanzetti, USA 1927 (A. d. Ü.)*

Sprach der eine zu dem andern:
„Niemand weiß, wie's uns ergeht.
Es ist vielleicht einer Arbeit Anfang,
die für uns bleibt, für uns besteht.

Wie bleich bist du im Angesicht,
wie weißes Glühn, wie glühendes Scheit,
lebendig, wie nur Flammen leben.
Zum Tod ist unser Weg noch weit.

Brennend furchtlos werden wir gehen,
bis bitter endet der Wegeslauf.
Furchtlos brennend steigt unser Geist,
wie ein Funke steigt er hinauf.

Es mag der Wind sie treiben
durch Weiten, leer und kalt.
Zwei glühende Funken fallen,
wo am trockensten der Wald"

Mann ohne Gnade

Er ist der Mann ohne Gnade -
Augen aus schimmerndem Bernstein,
Augen aus glänzendem, kaltem Gold,
Hände aus Elfenbein:
klare und harte Augen,
feine und harte Hände -
wie sie dem Träumer, dem Schwärmer
sind Stein von Wüstenstein.

Die Wüste hat weite Reiche aus Sand
und seltsame Quellen,
tote Städte und lebende Blätter
und Licht für den Anachoret.
Dort hat er sein Lager errichtet,
sein leichtes, dürftiges Zelt -
ein Trappist der Wissenschaft,
ein des Geistes Asket.

Seine herrliche Verletzlichkeit
durchbricht er im Kampf wie ein Hindernis,
rücksichtslos, und muss es sein, auch kalt
für Beifall, Pfeifen, Gelächter.
Unmenschlich scheint er.
Sein Pathos wie des Nordens Eis.
Er kämpft den schrecklichen Kampf der Gedanken,
ein ohne Gnade Gerechter.

Simson singt, die Säulen des Tempels ergreifend

Geweiht zum Nasiräer des Herrn
hast du kaum einen Namen,
auserwählt, erhoben
aus der Erde sanftem Umarmen.
Geweiht zum Nasiräer des Herrn
bist du Hand des Herrn genannt
und du schwingst den Blitz des Herrn
in von Schrecken geplagtem Land.

Geweiht zum Nasiräer des Herrn
ist dir der Geist des Herrn gegeben
und du trägst keinen eig'nen Geist,

einen Sterblichen zu lieben.
Wehe der Stunde
als ich Gott und Mensch verriet,
als ich wurde Simson, der Mann
und mich der Weihe Kraft verließ.

In der Reue wuchs meine Stärke
bei des Mühlsteins Dröhnen.
Sie sprachen von leichten Siegen,
den Sohn Judäas verhöhnend.
Nun reiß ich des Dagons Tempel ein
denn Simson ist aufgezehrt,
und ich bin wieder ein Namenloser,
sein Name ist Schwert des Herrn.

Stern

Funkelnd frostig
mit gefrorenem Licht
wäscht die Milchstraße
Sterne, wie Kies so dicht.
Vertraut ist mir einer,
einer bloß -
mein Licht aus Ewigkeit,
mein Leben, mein Los.

Wie mächtig sie sich erhob,
als mich das Dunkel deckte,
und wie sie mich, als ich wehrlos lag,
zu Sternenleben weckte!
Mit silbernen Nägeln war meine Seele
an einen Stern gebunden.

So wandert sie frei gegebenen Weg,
inmitten Wesens Kern und Grunde.

Wer mich will wählen
muss umwerben den Stern.
In ihr wohnt mein Wille,
in ihr wohnt mein Wert.
In ihr ist mein Heim,
mein Gesetz und Gericht,
O Stern, du meine Tat
und du mein Ziel, du bist ich!

Das Lied des Grases

Gestern lag ich zerschlagen,
zerdrückt vom Strom des Regens,
um nun aus Erniedrigungs Plagen,
gereinigt mich zu erheben.
Ich lese im Licht,
und der Morgen spricht:
„Vergiss!“
das ewige Gebot des Lebens.

Ich sah die edelsten Eichen,
wie sie in Blitzen zersplittern,
ich sah im Spiel der Zeiten
Fels und Berg verwittern,
doch stärker als beide
aus Winters Leide
steig ich in tausend Quellen auf,
unsterblich, weich und zitternd.

Im Tod steckt meine Wurzel fest,
im Moder tiefster Erden.
Von ihrem Schicksal weiß ich nichts,
doch fühl ich neues Werden.
Im grünen Stoff des Graslands reift
heran der Geist der Vergangenheit,
ein ewiges Jetzt
in Frieden immerwährend.

Das Meer

Salz, bitteren Salzes
das Meer, klares und kaltes.
So viel in den Tiefen vermodert,
das Meer, es reinigt alles.
Wild die Brandung, wie
ein Raubtier, das glitzernd sprang.
Kein Gedanke des Menschen reicht
so hoch wie der Tiefen Gesang.
Stark, ewig und stark
ist der Wellen mächtiger Zug
und stark das ewige Meer,
das weicher Wellen Vergänglichkeit trug.
Also gib dein Leben der See.
Blut verlangt sie von ihrem Mann.
Doch zuletzt in tiefster Tiefe
niemand wie er dann ruhen kann.

In Bewegung

Nicht groß für uns der Tag, der satt gemacht.
Der größte Tag ist der, in Durst verbracht.

Ziel ist dort und Sinn, wohin man fährt.
Doch ist der Weg für uns von größtem Wert.

Das beste Ziel ist in der Nacht die Rast,
wo du am Feuer Brot gebrochen hast.

Am Ort, an den nur einmal führt der Gang,
schläft man gut mit Träumen voll Gesang.

Brich auf, brich auf! Der Tag erscheint, ein neuer.
Unendlich groß ist unser Abenteuer.

Über die vor der Zeit Gefallenen

Gücklich, der marschiert
in des Wartens Morgendämmerung.
Gücklich, der fiel
lange schon, bevor der Sieg errungen.

Vor den kämpfenden Heeren wächst eine Schar
Wesen aus Licht mit mächtigen Waffen zum Streite:
Alle, die fielen, bevor die Ernte gereift,
all, die zu jung, um noch zu zerfallen in Asche.

Glücklich, die ihr Leben,
das in Enge verbracht,
eingetauscht in ihre
Kraft und Siegesmacht.

Wie Pfeiler, stützend die Brücke über den Tiefen,
von menschlichen Grenzen durch menschliche Sehnsucht
befreit,
tragen auf Traumschultern sie unterlegene Müde,
führen mit sicheren Waffen die Schwachen, die zögern.

Glücklich, der gefallen
und dennoch lebend.
Tausendfach wird seine Seele
anderen Seelen gegeben.

Ruhe und Tod hatten nie einen Teil an den Starken.
Für immer sind sie die Unsern in unserem Kampf.
Hoch über den Heeren flammen die feurigen Lanzen,
erhoben als Zeichen, Banner und Schwur, dem zu folgen.

Glücklich wir, die wir folgen.
Glücklich macht uns ihr Geben.
Wir sind Staub und Erde
und sie sind die, die leben.

An dieser Stelle erscheinen im Original Übertragungen:
F. Nietzsche: Sternen-Moral (als „Sternengesang")
F. Nietzsche: Albatros (um eine Strophe gekürzt als „Eine Liebeserklärung)
R. Kipling: Cities and Thrones and Powers
Walt Whitman: The Base Of All Metaphysics (Anm. d. Übers.)

Der fallende Morgenstern

„Fall", sagt der Herr, „du sollst fallen.
Fall, trotziger Morgenstern.
Das Dunkel gönn' ich dir gern.
Du bist mir am liebsten von allen."

„Du sollst fallen", sagt der Herr, „Fall.
Blaue Flamme, du sollst erstrahlen
und brennen in den Tiefen der Qualen,
bau dir eine Stadt aus schwarzem Kristall."

„Fall", sagt der Herr, „du sollst fallen,
der du alles Böse kosten wirst.
Kehrst du einst zu mir zurück?
Du bist mir am nächsten von allen."

Die Welt wird geträumt…

Es träumt die Welt ein schlafender Gott
und Morgenschauer tränken seine Seele.
Erinnerte Dinge, die gestern geschahn,
bevor die Welt entstand,
spuken, funkeln.
Woran unser Wesen nicht Anteil hat,
begegnet uns dort, wo der Weg sich krümmt,
atmet Schrecken, der uns nicht gehört,
von Grenzen in weiter Ferne,
von Welten mit anderm Gesetz.
Schlafe, schlafe schwer, du Schläfer,

bis der Traum dich nicht mehr quält,
oder erwache zum Tag, du Schöpfer,
und mach uns zur Wirklichkeit.

Das Herz der Welt

Sag, wo brennt das Herz der Welt,
das Feuerherz der Welt?
Von Ur-Kohle lebt es, groß und schwer:
schwarzes Dunkel, Chaos, dichte Nacht.
Such dort!
Denn das ist Natur des Feuers:
stark durch den Kampf seines Feindes -
selbst Kampf, glühender Kampf -
ohne anderes Wesen.
Und der Sieg? Wenn das Dunkel verschwunden in Flammen?
Ist Sieg der Tod?
Leere Frage und leere Angst!
Das Herz der Welt ist Feuer,
und Feuer will siegen.

Der Verderber

Mich führt ein Schlangenblick, starr, grausam -
sie starrt auf mich aus fernster Ferne,
lenkt meine Schritte in nächste Nähe,
hält mich gefangen in zwingender Furcht,
fesselt meinen Willen...

Wer gab der Schlange die schreckliche Schönheit,
die Süße des Todes,

des Abgrunds Sog?
Wer gab dem Grauen die tödliche Süße,
die lockt wie ein dunkleres Glück?

Vielleicht dort bei den ewigen Quellen,
wo die Schleier fallen,
trifft mich der Verderber in andrer Gestalt.
Böser, bist du Gottes Schatten?
Gottes nächtlicher Zwillingsbruder?

Steine

Gott gab uns schwere Seelen aus Stein.
So standen wir am Meeresufer,
wo sprangen die Strahlen, tanzte der Schaum, Möwen segelten
im Licht.

Wir warfen die Steine ins Spiel des Sterbens, denn etwas muss
man mit Steinen tun.

Sie streiften das Wasser, sie hüpften in Bögen, sie glitten wie
Winde über die Tiefen!

Und glücklich ist unser Schlaf: er wird von Flügeln berührt,
von Schwalben, die jagen über das Wasser.

Wir schläfrigen Kinder

Am dunklen Ufer gleitet ein einsames weißes Segel
wie in Vorsicht ein müder Vogel, der sich sucht eine Zuflucht
zur Nacht,

und am sich tiefer neigenden Himmel die helle
Dämmerungswolke
treibt willenlos wie einer, der gerade einschlafen will…

Nun kehren wir, wir schläfrigen Kinder, zu unserem Haus
nebenan zurück
und wischen von unserer Stirn die Gedanken, und wischen
von unsern Händen die Taten,
lassen verblassen sie wie vergessene Spiele, lassen sie los für
das, was wirklich ist,
mit dem blinden Vertrauen von Kindern auf einer unbekannten
Mutter Schoß.

Die vergangenen Tage

Ist ein alter Mann krank, kommen all seine vergangenen Tage
und sitzen sanft im Kreis um sein Bett.
Sie klagen nicht, sie weinen und schluchzen nicht.
Sie nicken langsam und denken an alte Dinge.
Und jeder erzählt seine nie vergessene Geschichte,
und jeder hat seine Kerze bei sich und zündet sie still.
Sie spiegeln sich deutlich im Wasser der dunklen Flüsse.
Er geht, geht unter Bögen, unter Gewölben zitternden Lichts.

Kinder des Wassers

Um unsere Wiege wogten wie Seegras sanft
durchscheinende Wassergeister, ungreifbar.
Zeitlos glücklich ruhten wir in windstiller Tiefe.

Wer hat uns unserem Heim entrissen?
Wie wirbelnde Blasen rauschten wir dem Licht entgegen,
wie schimmernde silberne Fische glitten wir im bleigrauen
Meer.
Dann standen wir eines Morgens mit tropfendem Haar am
Ufer
in einem fremden Land.

Niemals finden wir heim.
Wir wandern vorwärts wie im Traum.
Unsere feuchten, dunklen Augen scheuen die Sonne.
Unsere kühlen, sanften Hände scheuen die Tat.

Unsere schwebenden, schreckhaften Seelen scheuen zu lieben.
Wie Schlangen schlängeln sie fort in sengender Hitze…

Wir gehen wie im Traum, Schaum ist unsere Welt.
Unser fern kühles Lächeln ist Gruß aus unseres Vaters Reich,
wo sich Tore aus glasgrünem Wasser wölben -
Tore zur ewigen Ruhe.

Liliths Lied

Die Wolken hängen schwer,
reifen im lauwarmen Dunkel, das sie birgt, verschließt,
nachtblaue Trauben,
schwer von Wein, der still sich auf die Erde ergießt,
schwer von Wein der Tiefen,
schwer von geheimer Macht,
gesaugt aus Meer und Himmel,
aus tiefstem Dunkel als bitterer Tau gebracht.

Des Lebens heißer Dunst
schwillt zu Tropfen, fällt in todstille Nacht.
Hebe den Becher! Fangen sollst du
den Schlüssel, wo nie eines Menschen Fuß hingebracht.
Das Land, wo der Geist befreit
und über die Grenze der Zeit geführt,
in Ewigkeit Dinge erschmeckt,
Dinge, wie nie sie gefühlt, gesehen, erspürt.

Hinter den wachen Welten
brodeln fremde Meere aus Lust und Leid.
Aus Schmieden der Weltentiefe
springen als Funken, was uns wird zu Sichtbarkeit.
Wagst du, den Weg zu gehen,
in des Trunkenheitsgrauen Gebraus?
Von Schrecken getroffen, gesegnet
erreichst du der ewigen Mütter dunkles Haus...

Saat, geweht über Wasserweiten,
Blume der Tiefe, die nie ihre Wurzel gesehen,
nachtscheue Libelle -
einst wirst du zu der Nacht der Mütter gehen!
Schwarz ist der Tod in Schmerz.
Weiß ist der Tod in Lust.
Du vergisst den bleichen Dunst des Lebens,
wenn du in seinen Strudeln versinken musst.

Um des Baumes Willen

Nirgends

Ich bin krank von Gift. Ich bin krank von Durst,
dem Natur kein Getränk geschaffen hat.

Allen Böden entspringen Bäche und Quellen.
Ich beuge mich nieder und trink aus den Adern der Erde
ihr Sakrament.

Und der Himmel quillt über von heiligen Strömen.
Ich richte mich auf und fühl meine Lippen feucht
von weißen Ekstasen.

Doch nirgends, nirgends…

Ich bin krank von Gift. Ich bin krank von Durst,
dem Natur kein Getränk geschaffen hat.

Walpurgisnacht

Nun steh' ich endlich am Schicksalsberg.
Ringsum wie Sturmwolken
scharen sich formlose Wesen, Zwielichtsgetier,
schwarzflüglig,
phosphoräugig.
Soll ich bleiben? Soll ich gehen? Der Weg liegt dunkel.
Bleib' ich hier friedlich am Fuße des Berges,
wird mich niemand berühren.
Ruhig kann ich sehn ihren Kampf wie ein Spiel des Nebels in der Luft,
selbst nur verirrtes Auge.

Doch gehe ich, gehe ich, dann weiß ich nichts mehr.
Für den, der diese Schritte tut,
wird das Leben zum Märchen.
Ich selbst das Feuer
werde ich reiten auf windenden Feuerschlangen.
Ich selbst der Wind
werde ich mit geflügelten Drachen fliegen.
Ich selbst das Nichts
werde ich selbst mich verlieren im Sturm,
werfe mich tot oder lebend voraus in Schicksal,
zukunftsschwer.

Ihr ruft nach Menschen

Ihr ruft nach Menschen von Größe. Was ist's, das Menschen
Größe verleiht?
Sich selbst zu vergessen, werden zu nichts vor dem, das größer
ist als sie selbst.

Die Unbußfertigen rufen. Sie selber wüchsen zu Riesen empor,
sobald sie beugten die Knie im Schatten gewaltiger Dinge.

Doch erhebt eure Stimmen, bis die Götter erwachen, sich neue
Götter erheben und antworten!
Wenn niemand mehr nach Menschen fragt, dann werden sie
hier sein, eure Menschen.

Cherub

Auch du, leidend die Qualen von allen verdammt zu sein,
auch du bist an deinen Platz unter den Cherubim gerufen -
mit Löwenfüßen, Sonnenflügeln,
mit ehrfurchtgebietendem Menschenhaupt:
Tier-Engel.
Sie rufen dir nach: „Unrein, unrein!"
Denn von Reinheit waren sie nie heimgesucht.
Flamme, sammle deine Funken aus den Ecken,
die Schmiede wartet, und der Hammer, der dich zum Blitz
schweißt,
wird dich lehren des Blitzes rasche Reinheit
und deinen Namen unter den Cherubim.

Dieser Moment

Kein atemraubender Sommernachtshimmel
reicht so weit in die Ewigkeit,
kein See, wenn Nebel sich lichten,
spiegelt solche Stille wider
wie dieser Moment -

wenn der Einsamkeit Grenzen ausgelöscht sind
und die Augen durchscheinend werden
und die Stimmen einfach wie Winde
und es nichts mehr zu verbergen gibt.
Wie kann ich jetzt Angst haben?
Ich werde dich nie verlieren.

Der Nacht tiefes Violoncello

Der Nacht tiefes Violoncello
schleudert dunklen Jubel hinaus in die Weiten.
Die trüben Bilder der Dinge lösen auf ihre Form in Fluten
kosmischen Lichts.
Wogen, leuchtend lange,
strömen in Welle auf Welle durch nachtblaue Ewigkeit.
Du! Du! Du!
Verklärte schwerelose Materie, blühender Schaum des
Rhythmus,
schwebender, schwindelerregender Traum der Träume,
blendend weiß!
Ich bin eine Möwe, und auf gestreckten, ruhenden Flügeln
trinke ich Meersalzseligkeit
weit östlich von allem, was ich weiß,
weit westlich von allem, was ich will,
und streife das Herz der Welt -
blendend weiß!

Gewiss, es schmerzt

Gewiss, es schmerzt, wenn Knospen springen.
Was sonst hält den Frühling zurück, sich zu zeigen?
Was sonst hält unser heißes Verlangen
gebunden in eisiger bitterer Bleiche?
Verhüllt war die Knospe den ganzen Winter.
Was ist das Neue und zwingt, dass sie sprießt?
Gewiss, es schmerzt, wenn Knospen springen.
Es schmerzt sie das Wachsen,
und was sie umschließt.

Gewiss, es ist schwer, wenn Tropfen fallen.
Sie hängen am Zweig, vor Angst erzitternd.
Sie schwellen, sie gleiten, so fest sie auch klammern,
so sehr sie auch klimmen, Gewicht zieht sie nieder.
S'ist schwer, verängstigt, gespalten zu sein,
wenn schwer zieht die Tiefe mit mächtigen Krallen,
dennoch zitternd still zu verharren –
s'ist schwer, sich zu halten
und dennoch zu fallen.

Und ist es am schlimmsten und nichts kann mehr helfen,
sprießen jubelnd des Baumes Knospen.
Und kann die Angst sie nicht länger mehr halten,
fallen glitzernd vom Zweig die Tropfen.
Vergessen, wie sie vorm Neuen erschraken,
vergessen die Sorge, wohin man fällt -
man fühlt Sekunden Geborgenheit,
und ruht im Vertrauen,
dem Schöpfer der Welt.

Eine Stille dehnte sich aus

Eine Stille dehnte sich aus, weich wie sonnige Winterwälder.
Wie wurde sich'rer mein Wille und mein Weg mir gehorsam?
Ich trug in der Hand eine Schale, geätzt, aus klingendem Glas.

Dann wurde mein Fuß so behutsam und er wird nicht
stolpern.
Dann wurde meine Hand so achtsam und sie wird nicht zittern.
Dann wurde ich überflossen und getragen von der Kraft
zerbrechlicher Dinge.

Du bist die Saat

Du bist die Saat und ich dein Boden.
Du liegst und wächst in mir.
Du bist das Kind, erwartet.
Ich bin Mutter dir.

Erde, gib deine Wärme!
Blut, gib deinen Saft!
Verlangt wird das Leben, das ich hatte,
von unbekannter Kraft.

Die fließende warme Welle,
sie kennt keinen Damm,
bricht sich ihren Weg hinaus,
drängt weiter, drängt voran.

Darum setzt mir Schmerz des Lebens
jetzt im Innern zu:
Etwas wächst, will aus mir brechen –
meine Liebe, du!

Könnte ich dir folgen

Könnte ich dir folgen
weiter als all dir Bekanntes, so weit,
hinaus in äußerster Räume
Welteinsamkeit,
wo die Milchstraße
wälzt toten Schaum,

wo du dir eine Heimat suchst
in schwindelnd gewaltigem Raum.

Ich weiß: es ist unmöglich.

Doch wenn du deiner Taufe
zitternd und blind entsteigst,
durch allen Raum
werde ich hören dein Schrei'n,
dir sein neue Wärme,
dir sein neues Umarmen,
dir nah sein in anderer Welt
unter Dingen ungeborenen Namens.

Blonder Morgen

Blonder Morgen, leg dein glattes Haar
an meine Wange und atme unberührt in deiner Stille.
Die Erde öffnet weit und weiter ihren riesigen Kelch,
neu geboren in geschlossenem Dunkel.
Auf hellen Flügeln
landet das Wunder wie ein riesiges Insekt,
um leicht zu rühren an ahnungslosen
erwachenden Blütenstempeln.

Der Morgen am siebten Tag…

Reif wie eine Frucht

Reif wie eine Frucht liegt die Welt in meinen Armen,
letzte Nacht gereift,
dünne blaue Haut die Schale, die sich dehnt wie eine Blase,
und ihr Saft ist das duftende, fließende, brennende
Sonnenlichtströmen.

Und ins durchscheinende All laufe ich wie ein Schwimmer,
ertrunken in Taufe von Reife und geboren in der Reife Kraft.
Dem Tun geweiht,
leicht wie ein Lachen
teil ich das goldene Honigmeer, das meine hungrigen Hände
begehrt.

Abschied

Ich wollte dich zur Nacktheit erwecken wie einen nackten
Frühlingsabend,
wenn die Sterne überquellen
und die Erde brennt unter schmelzendem Schnee.
Ich wollte dich einmal nur sehen
versinkend im Dunkel des schaffenden Chaos',
wollt' sehen deine Augen als weit off'nen Raum,
bereit sich zu füllen,
wollt' sehen deine Hände als sich öffnende Blüten,
leer, neu, in Erwartung.

Du gehst, und nichts davon hab' ich dir gegeben.
Nie reicht' ich dahin, wo enthüllt dein Wesen liegt.
Du gehst, und nichts von mir nimmst du mit dir –
lässt mich in Niederlage.

Einen anderen Abschied erinnere ich:
Wir, aus dem Tiegel geschleudert als nur *ein* Wesen,
und als wir uns trennten, wussten wir nicht mehr,
wer war ich, wer du…
Doch du – wie eine Schale aus Glas hast du meine Hand
verlassen,
vollendet wie nur ein totes Ding und so veränderlich,
ohne andere Erinnerungen als den leichten Fingerabdruck,
den das Wasser fortwäscht.

Ich wollt' dich erwecken zur Formlosigkeit wie formlos
flackernde Flamme,
die findet zuletzt ihre lebendige Form, ihre eigene…
Niederlage, o Niederlage!

Nun weiß ich

Nun weiß ich, wieviel du versteckt und verschwiegen.
In deine Schale eingehüllt.
Doch warum hast du dich so vor mir verborgen?
Die Mühle steht nie still.
Nun weiß ich's, erinnere mich: Einer Sache
bracht' ich Urteil dar -
und seitdem dein inn'res verzaubertes Land
für immer verborgen war.

Solang unsrer Liebe Bedingung bleibt,
und bleibt auch nur eine bestehn,
so lang ist uns're Liebe geschlossene Hand –
und uns wird recht geschehn.

Meine Haut ist voller Schmetterlinge

Meine Haut ist voller Schmetterlinge, Flügelflattern –
sie flattern über die Wiesen, genießen den Honig
und flattern heim und sterben in traurigen Krämpfen,
und nichts an Blütenstaub wird von leichten Füßen gestört.
Für sie ist die Sonne, die heiße, unermessliche, älter als alle
Zeit…

Doch unter Haut und Blut und im Innern des Marks
regen sich schwer, schwere gefangene Seeadler,
breitflüglig, die nie lassen von ihrer Beute.
Wie wär euer Tümmeln in des Meeres Frühlingssturm?
Wie wär euer Schrei, wenn die Sonne mit gelben Augen glühte?
Verschlossen die Höhle! Verschlossen die Höhle!
Und zwischen den Krallen winden sich weiß wie
Kellergewächse
meine innersten Fasern.

Der Baum unter der Erde

Ein Baum wächst unter der Erde;
ein Trugbild verfolgt mich,
ein Lied von lebendigem Glas, von brennendem Silber.
Wie Dunkel im Licht
muss alles Schwere schmelzen,
wo nur ein Tropfen des Liedes fällt von den Blättern.

Angst verfolgt mich.
Sie quillt aus dem Boden.
Dort leidet ein Baum in schweren Schichten Erde.

Oh Wind! Sonnenlicht!
Spüre den Schmerz:
Verheißung des Duftes von Paradieseswundern.

Wo geht ihr, Füße, in Tritten
so weich oder hart,
dass die Kruste reißt und ihre Beute freigibt?
Um des Baumes Willen, erbarmt euch!
Um des Baumes Willen, erbarmt euch!
Um des Baumes willen rufe ich aus den vier Winden nach euch!

Oder müssen wir warten auf einen Gott - und welchen?

Die Augen sind unser Schicksal

Die Augen sind unser Schicksal.
So einsam werdet ihr, arme Augen,
mit Sternen, die weigern, sich zu erbarmen
auf lebendige irdische Weise.
Hätte ich weniger gesehen,
dächte ich and're Gedanken
und schwach wird der Verstoßne,
den Gerechten gegeben preis.

Heilig, heilig, heilig
ist Wahrheit, die Schreckliche,
ich weiß es, ich beuge mich,
und Recht hat sie auf alles.
Doch zittern Fleisch und Blut,
das Lebendige sucht das Leben,

und warm ist der Menschen Gesellschaft
und ihre Verachtung kalt.

Und betend wandre ich
durch eisige Lichtjahre,
nach Hilfe suchend,
dass ich dem Grab entsteig.
Glühend zärtlich gedenk
der weit entfernten Augen,
auch derer, verloren
im Meer der Einsamkeit.

Dann kann ich nicht klagen.
Dann muss ich danken.
Mit ihnen teilt' ich,
was ich erinnert, was ich weiß.
Durch Dunkel fühl ich
Heimat und Gemeinschaft.
Geliebte Schwesteraugen!
Ihr wart. Ihr seid.

Bekenntnis

Zu mir passt nicht Rebellentum
doch zwingt man mich darein.
Warum ist mein Schicksal nicht privat?
Warum lass ich's nicht sein?
Oder, wenn ich nun kämpfen muss,
wieso geschieht's mit Plagen?
Warum nicht mit klingendem Spiel,
wenn schon gezwungen, zu wagen?

Blut meines Blutes, dass mich streng richtet
und mich der Schande überließ,
ich fühlte wohl, als ich verstoßen,
dass mich ein Ganzes zerbrechen ließ,
ich fühlte heilige Gemeinschaft
hinter den richtenden Worten
und wusste in Angst: ihr seid ich -
und wurde gebeugt, gebrochen.

Und als ich lag und glaubte mich stumm,
hört' ich das Wimmern der Dunkelheit.
Seelen im selben Raum der Qualen
atmeten mir zur Seit'.
Ich hört' meinen eig'nen Hilferuf
aus trostlosen Wüsten steigen
und wusste in Angst: ich bin ihr -
und ich konnte nicht schweigen.

Feige, feige, dreimal feige
muss ich doch kämpfen jetzt.
Zu Boden geschlagen, steh ich wieder auf,
mit Nerven, zerrissen, zerfetzt.
Brandeisen muss ich fühlen,
in strengem Urteil geglüht,
und gehorche, gehorche dem sengenden Feuer,
das aus dem Dunkel blüht.

Gebet an die Sonne

Gnadenloser, mit Augen, die nie das Dunkel gesehn!
Befreier, brechend mit goldenem Hammer das Eis!
Rette mich.

Aufrecht, gerade werden die Blütenstengel in Höhe gesaugt:
näher zu dir erzittern die Kelche.
Bäume schleudern Säulen aus Kraft der Herrlichkeit entgegen:
erst hoch oben
breiten sie lichtdurstige Blattarme, hingegeben.
Den Menschen zogst du
aus erdverhaftetem Stein mit blinden Blicken
empor zu wandelnder, schwankender Pflanze mit
Himmelswind um die Stirn.
Dein ist Stengel und Stamm. Dein ist mein Rückgrat.

Rette es.
Nicht mein Leben. Nicht meine Haut.
Übers Äußere herrschen keine Götter.
Mit erloschenen Augen und gebrochenen Gliedern
ist dein, der aufrecht lebte,
und mit dem, der aufrecht stirbt,
bist du, wenn Dunkel das Dunkel verschlingt.
Grollen erhebt sich. Die Nacht schwillt an.
Das Leben schimmert so kostbar.
Rette, rette, sehender Gott,
was du gegeben hast.

Junge Willen jammern

Junge Willen jammern
wie herrenlose Speere.
Die Angst hat sie geschleudert
in Räume, dunkle, leere.
Zitternd von Kraft und Streitlust
suchen sie die Schlacht,

suchen Ziele zum Angriff,
zur Anbetung eine Macht.

Aber Willen, die reifen,
werden zu Bäumen, schlagen Wurzeln,
wollen dem Land
zu ihren Füßen ein Schutz sein,
ein kleines Stückchen Land,
doch wie das Leben gebraucht,
wo wächst, was kostbar ist,
von Winden zerrissen, gestaucht.

Wenn eng erscheint die Lichtung
gegen den endlosen Raum
und leblos scheint gegen
blitzende Speere der Baum,
dann vergiss nicht das Blatt,
lebensgrün gefärbt,
und vergiss nicht im Mark
den Saft, der strömt und stärkt.

Hab keine Angst, sei still
in dieser Nacht der Ernte,
wenn du sagen hörst:
„Dies ist deine Grenze.
Auch du sollst still sein
unter den Wachenden, die glauben,
auch du sollst Wurzeln schlagen,
reifen, wachsen, Baum sein."

Das Tor

Zu oft bin ich durch das Tor gegangen.

Es wölbt sich so hoch und verschwimmt im Sonnenlicht,
und unter den Bögen hört man das Wehn
ewiger Winde in ewigem Raum.
Die Schwelle besteht aus Verheißungssteinen, Stufe zu einem Altar,
zu dem hindurchschlüpft, der sich selbst ganz zur Gabe weiht
mit all seiner vergangnen und kommenden Zeit
und seinem ganzen Willen.

Zu oft bin ich durch das Tor gegangen.

Und dennoch flehe ich:

Türwächter, aller Anfänge Herr,
lass mich vor! Ich hab' noch Kraft.
So wahr ich noch nie etwas verbarg,
nimm, doch nimm bis zur letzten Scherbe.
Der Tag, den ich teile, der Tag, den ich zähle,
versperrt mir den Weg, mich in den Schmelztiegel werfend.
Alles ist Tür. Alles ist Anfang.
Die Achse des Lebens liegt in deinen Händen.

Ganz geh ich ein unter gewaltigem Bogen,
und ewige Winde in ewigen Räumen
trinken meine Gabe.

Idyll

Deine Stimme, deine Schritte fallen sanft wie Tau auf meinen Arbeitstag.
Wo ich sitze, ist Frühlingsluft von deiner lebendigen Wärme.
Du blühst in meinem Denken, du blühst in meinem Blut, und ich wund're mich nur,
dass meine glücklichen Hände schlagen nicht aus zu schweren Rosen.

Nun schließt sich Alltagsraum um uns wie leichter glatter Nebel.
Hast du Angst, Gefangner zu werden, hast du Angst zu ertrinken im Grau?
Hab keine Angst: Im Innersten des Alltags
im Herzen allen Lebens
brennt mit still summender Flamme ein tiefer, geheimer Feiertag.

Für die Stunde größter Erniedrigung

Für die Stunde größter Erniedrigung auch möcht' ich danken,
die Stunde, wenn man sieht, dass man nackt ist,
und ohne trübenden Rest von Stolz
und lässt sich ordnen
als Sandkorn in Streifen einer wunderbaren Welt –
wunderbar alles, wunderbar Gesundheit und Leben,
wunderbar Dach, Brot und Wasser
und mehr noch wunderbar die unverdiente Gnade
eines Menschen ewig wieder erlangtem Vertrauen.

Scheiterhaufen

Durchscheinender, klarer, heißer
schöner Mantel, öffne dich,
schmieg dich wie Wasser um meinen
erwartenden Körper und mich.
Ich steh gebunden und stille,
ohne Trotz und Wille.

Von mir gibt's keinen Widerstand,
gibt's kein vergebliches Ringen.
Diese Qualen ohne Luft
werden den Frieden mir bringen.
Ich hab keine Hoffnung mehr,
jeder Wille ist aufgezehrt.

Wie Espenblatt mein Körper,
die Seele wie flackernder Schein,
doch im tiefsten Innern
wird immer Freiheit sein.
Große Stille, die mir gehört,
jenseits von allem, was mich zerstört.

Unverwundbar

Unverwundbar, unverwundbar,
wer das Urwort erfasst:
Es gibt kein Glück noch Unglück.
Es gibt nur Leben und Tod.

Und hast du's gelernt und jagst nicht mehr den Wind,
und hast du's gelernt und fürchtest nicht mehr den Sturm,
dann kehr zurück und lehre mich noch einmal:
Es gibt kein Glück noch Unglück.
Es gibt nur Leben und Tod.

Ich begann das Entziffern, als mein Wille geboren,
beende Entziffern, wenn mein Wille erstirbt.
Der Urworte Geheimnis
erwerben wir bis zum Tod.

Erkenntnis

All die Achtsamen mit langen Netzen
treffen des Meeres riesiges Lachen.
Freunde, was sucht ihr am Strand?
Erkenntnis kann niemand fangen
und niemand besitzen.

Doch fällst du wie ein Tropfen
ins Meer und löst dich auf,
bereit für jede Verwandlung –
dann wirst du erwachen mit Perlmutthaut
und grünen Augen
auf Wiesen, wo weiden des Meeres Pferde,
und wirst Erkenntnis *sein*.

Krüppelkiefer

Hier im ewigen Meereswind
quält sich aus Steinen die Krüppelkiefer,
krümmt sich müde,
knotet sich trotzig,
kriecht unterdrückt.

Schwarz gegen stürmischen Abendhimmel
zeichnen verdreht sich die Geisterkonturen.
Das Scheusal packt die Abscheu
vorm Scheusal.
Ein Stöhnen geht durch zerrissene Kronen:
O steigend nur einmal
im Licht, zu sehn
die Königseiche,
Knabenbirke,
den goldenen Mädchenahorn.

Verbirg deine Träume, Kiefernkrüppel.
Hier sind der äußersten Schären Klippen. Soweit das Auge
reicht:
Krüppelkiefern.

Mäuler

Um mich schwimmen schreckliche Mäuler.
Es rumpelt der Vorstadtzug.

Dies sind Mütter.
Raubfischmäuler

verschlossen, gespannt in gieriger Angst:
Fressen oder gefressen werden.
Sie selbst gefressen (niemand hat's bemerkt)
schleppen sie ihre Innereien im Einkaufsnetz.
Tote Augen, tote Angst,
Raubfischmäuler.

Dies ist die Liebende.
Buntgeschwollenes Schwammmaul
saugt nach Beute.
Scham, sich gegeben zu haben, Scham, betrogen zu sein,
saugt nach Rache in tausend Triumphen,
wird niemals satt,
legt sich in Schichten gequälter Frechheit
um ein nasses Schwammmaul.

Dies ist der Fromme,
der in heiligem Streben
verbirgt und verleugnet seine Lippen.
Man sieht sie nicht, es gibt sie nicht -
Gott selbst kann sie nicht sehen.
Warum hat er Angst vor seinen Lippen?
Wie sehen sie aus, wenn er schläft?

Diese ist die Glückliche,
sie wurde Besitzende.
Unter all den Kämpfern
ist sie es, die triumphierte.
Kein Hebel biegt diese Kiefern,
verschraubt um des Lebens Gewinn.

Doch dort am Fenster,
halboffen

blüht ein Mund, der nichts fängt.
Was atmest du so über der weiten Welt,
so fremd der Welt?
Dich selbst?

Wann wirst du, geschreckt in die Tiefen
zu den Raubfischen
und Saugmäulern,
wild nach erjagter Beute schnappen,
verzweifelt nach den anderen hacken?
Morgen schon,
wenn du leben willst.

So will ich nehmen meinen Stab und wandern,
dir suchen eine andere Welt,
eine Welt, in der Münder Blumen sein dürfen,
und atmen wie Blumen
den Lebensgeist
und fließen wie Blumen
aus Tiefen geschenkt
und stehen wie Blumen
glücklich offen.

Um dich klaffen unsere Tiefseemäuler.
Es rumpelt der Vorstadtzug.

Meeresgebet

Meeresbrandung, komm und wasche,
gib mir den salzigen, runden Klang zu schmecken,
den Urnamen,
mit dem ich genannt in ältester, ältester Zeit!
Worte, sterblichen Lippen
niemals gegeben zu sagen,
verborgen
in kühler Woge.

Lange, zu lange
hungerte ich nach leicht zu sprechendem Menschenwort.
Ich will mich erheben,
ich will meinen Mund am Tisch der Mutter sättigen.
Wie ein verlorenes Kind,
reuend den Überdruss,
wende ich mich hungrig
nach der Heimat Lieder.

Lass mich trinken
die Sprache der Sprache aus ewigem tiefen Brausen.
Lass mich erklaren
an deiner ruhenden Tiefe aus Schöpfungslicht.
In Geist und Seele
hör' ich dich singen.
Steig auf in meinem Blut, und erblühe
in meiner Zunge.

Der Weg ist schmal

Der Weg ist schmal, der zweien gegeben,
unmenschlich schmal, so mag es scheinen,
und doch ist er menschlich, der Weg, den sie gehen.

Und aus der Begrabenen Urzeitschlamm
erheben sich Bestien, geweckt von der Wärme,
versperren den Weg, den du willst voran.

Keine Flucht kann dich befrei'n.
Sie erscheinen wieder an neuen Wegen.
Du hast keine Wahl. Du musst dran vorbei.

Der Weg ist steil, dem zwei sich fügen,
Erniedrigungsweg, so mag es scheinen,
und doch ist er ein Weg des Sieges.

Einsamer Weg, geführt in Ringen,
selbes Trugbild in selbem Sand,
der selbe Durst nach fernen Dingen.

Für zwei, die streben, Gewinn ich weiß,
schwerer als des Einsiedlers Träume:
mühsames Wachsen zur Wirklichkeit,

bis hinein ins innerste Mark,
wo wächst der Mensch aus Nervensplittern,
und Wurzel wird, Berg wird und stark.

Der Weg ist lang, den zwei müssen gehn,
ein Irrweg, so mag es scheinen,
und doch mit Weisern und Zielen versehn.

Er hat seine Engel, von Blitzen umgeben,
sie berühren mit brennender Hand den Staub,
und schwere Ketten zerfließen zu Nebel.

Sie berühren mit brennendem Fuß die Erde,
so dass sie neu im Morgenglanz
voll Trost und Heilung entstehen werde,

beherrschen das Schicksal, beherrschen es ganz,
sind inniges Licht, das zwei sich erwerben.

Wüstenwanderer

Ihr wiegt mit falschen Waagen
und messt mit falschem Maß,
nicht vor dem Qadi, der die Verbrecher richtet,
sondern vor Allah, Allah, gepriesen sei Sein Name,
der das Leben erschaffen.

Tausend Datteln kauft ihr für eine kleine Perle,
aber ich, der ich in der Wüste gehungert,
bin satt meinen perlbesetzten Gürtel,
der keine Nahrung gibt,
und ich, der ich im Sande schmachtete,
finde keine Pracht an meinem Dolchgriff,
geschmückt mit Juwelen,
die keinen Durst stillen.

Auch in dieser Stadt der Minarette, weit von der Wüste,
verneige ich mich nicht vor den stolzen Portalen,
den goldenen Pforten,
sondern vor den geringen, den abgelegenen Brunnen,
wo staubige Hirten ihre Herden führen,
wenn sie abends die Milch bringen.

Deine Wärme

Deine Wärme, deine sanfte Wärme
die ich begehre,
strömend schon lange, bevor er kam,
der Mensch, auf Erden.
In des Urwalds flaumigen
Vogelhorsten
hielt solch schützende Wärme
das Leben geborgen.

Wir sinken aus qualbrennendem
Himmel herab
in Nester des Dunkels, wo nichts mehr
das Leben erfragt.
Der Wolken Spiele sind Trugbild
und Spiegelschein,
doch, was geboren und trächtig, wird Schenkung
der Tiefe sein.

Tags das Schwingen der Flügel
durch Räume bricht.
Der auffliegende Vogel jubelt:
Ich lebe von Licht!

Verborgen in Stille liegen sein
Heil und Segen.
Deine Wärme, deine tiefe Wärme
gibt mir Seele.

Legende

Über die seufzenden Türme der Stadt
sank der Erde ganze Not:
Feuer, Pest und Hunger,
Krieg und schneller, grausamer Tod.

In die Kirche drängte das Volk,
die Knie zu beugen und klagen,
hörten die Priester beten zu Gott
um Kraft, solche Pein zu ertragen.

Es wussten die Mütter am Brunnen
sich keine Hilfe und Rat:
„Den Kindern zuliebe, den Kindern
sei barmherzige Gnad.

Sind sie auch in Sünde geboren
sind sie uns doch so lieb,
lieber als alle Herrlichkeit,
die uns der Himmel gibt."

Weißhaarig ein Fremder,
einen Schritt vor den andern,
winkend, ihm zu folgen,
begann er fort zu wandern.

Es folgten mehr und mehr,
aus den Türen gedrängt.
Inmitten der Stadt stand ein Haus,
dessen Treppe abwärts lenkt.

Hölzerner Hocker und Schale,
die Erde festgestampft.
Gekleidet in Rosshaarkutte
kniete dort ein Mann.

Demütige Verehrung
war aller Augen Brand:
"Reich ist die Stadt allemal!
Hier lebt ein heiliger Mann.

Fürbittend nach oben
ist sein Antlitz gewandt
in seine gefurchten Züge,
sind unsere Sünden gebrannt."

Der Alte lächelt bitter.
„Was sehn sie in meinem Gesicht?
Große heilige Liebe.
Und mehr sehn sie nicht?

Ein Gesicht ist off'ne Schale
gesegneter Geduld,
die sich hungrig erhebt
in die Schmerzensflut –

Ein Becher blühenden Geistes
aus blutend Rubinenstein,

aufopfernd erwartend
des Herrn Zorneswein –

Verlangen vom geliebten
schwerste Strafe zu leiden –
und niemand sieht die Blitze gehn
nieder vom Himmel, dem weiten?

Die Stadt gab ihr Echo
im selben bebenden Klang,
als er, der starke Beter,
seinen Herrn bezwang.

Reißt aus die Mohnblumen alle,
die Schmerzensfrühling ersehnen!
Fällt alle die schwarzen Bäume,
die tragen wollen die Tränen!“

Da trat aus Menge
ein Mann, voller Glut,
und fällte den Alten zu Boden –
sie fiel und sie war tot.

Bekreuzigend schlich die Menge
aus Söhnen und Töchtern der Stadt davon.
Und wieder stieg des Heiligen Beten
zum Gewölbe aus Himmelszorn.

Ewigkeit

Einst war der Sommer
eine Ewigkeit lang.
Durch endlose sonnige Tage
ging unser streifender Gang.
Gründuftend bodenlose Tiefen,
in denen wir versanken,
die wir kein Bangen vor
der Abendstunde kannten.

Wohin ist unsere Ewigkeit?
Was war's, dass sie verbarg
vor uns ihr Geheimnis, vergessen?
Kurz wurde unser Tag.
Wir streben im Krampf
und formen im Streit
ein Werk, es soll ewig sein -
und sein Wesen ist Zeit.

Es fallen zeitlose Tropfen
doch in unsere Arme,
wenn wir zuweilen frei sind
von jedem Ziel und Namen.
Über unserm Stroh
steht dann die Sonne still
und all unser Streben
scheint nur geliehen und Spiel.

Dann kommt die Bedingung
kurz zu uns zurück:
Es brennt der lebendige

Augenblick
und wir vergessen die Zeitlichkeit,
die dauert und besteht,
für die schöpferische Sekunde,
die ewig währt und geht.

Der Zyklus schließt im Original hier mit Übertragungen:
Ein Alkman-Fragment (über das Alter)
J. W. v. Goethe: Selige Sehnsucht
R. M. Rilke: Der Engel
R. M. Rilke: Der letzte Graf von Brederode entzieht sich türkischer Gefangenschaft
T. S. Eliot: Waste Land (Anm. des Übers.)

Die sieben Todsünden
(Fragment einer Kantate)

Szene: Vor Gottes Thron

Einleitung

Chor I

Wie lange noch, wie lange noch, wie lange noch?
Vernichte uns!
Vernichte uns!

Chor II

Ein wenig Zeit, ein wenig Zeit, ein wenig Zeit!
Erbarme dich!
Erbarme dich!

Der Ankläger (Rezitativ)

Es ist Zeit zu sprechen. Es ist wahrhaftig Zeit zu sprechen.

Chor II

Erbarme dich!

Chor I

Vernichte uns!

Ankläger

Aus Dunkel steige ich vor deinen Thron,
Ich, Ankläger.

Von Geschlecht zu Geschlecht bewahrten wir unsrer Torheit
Hoffnung.
Wie ein frisch gezeugtes Kind, verborgen liegend und kaum
seiend,
so lagst du in unsrem Innern verborgen, du große Torheit.
Von Geschlecht zu Geschlecht war'n wir bereit, zu leugnen,
was wir hörten und sah'n.
Wer will schon böse sein? Wer will sein, was der Mensch
wirklich ist?
Von Geschlecht zu Geschlecht war'n wir nichts als uns're
geheime Torheit,
uns're ungeborene.

O Herr, wie grenzt du nahe an das, was nicht ist!
Doch sieh' auf uns! Wir ertragen es nicht länger.
Vernichte das Böse, das sich nicht selbst verleugnen kann.
Vernichte den Traum uns'rer Torheit, der nicht Wirklichkeit
werden kann.
Vernichte uns!

Chor I

Wie lange noch, wie lange noch, wie lange noch?
Vernichte uns!
Vernichte uns!

Chor I

Wir sind deine Herde,
von dir verlassen, Herr
Vertrauen befahlst du -
Doch Schlimmes wurd' mehr.
Aus Nebeln der Bosheit
erstieg nie ein Licht,
aus Donnergrollen
sanft Lauten nicht.

Wir zittern in Wüsten,
verlassen, allein
mit strengen Geboten
geschrieben in Stein.
Sie wurden uns Wasser,
sie wurden uns Brot.
Doch um uns're Frommheit
lag Nacht wie tot.

Wir zogen des Weges
von Gott geschlagen,
Boten, die Botschaft
durchs Feuer tragen.
Gericht und Sühne,
befahl die Stimme.
Das Urteil traf richtig,
der Trost traf nimmer.

Wir sangen auf Feldern
im Jubel gewandt
zu neuen Sternen
wie Leuchtfeuerbrand.

O Traum, O Hoffnung,
uns überfließt du,
O Verheißungs Verheißung,
wie trügerisch bist du.

Ein Gebet, nur eines
steht uns noch zu:
Der du uns schlägst,
schlag härter zu!
Falt' ein den Raum
lass Zeiten vergehn
zerstöre alles,
lass Frieden entstehn!

Wie lange noch, wie lange noch, wie lange noch?
Vernichte uns!
Vernichte uns!

Solo (aus Chor I)

Wir wissen: Wir sind nicht die ersten
solch hartes Schicksal ertragend.
Wer darf schon als das größte
das eigne Leid beklagen!
Gegen Schreie von Müttern,
Pest und Hungerjahre
in verlassenen Städten -
was bringen wir auf die Waage?

Ach, wie gewohnt wir viel
zu fordern waren.
Doch war'n uns bewusst:
Ein gutes Leben ist Gnade.

Sie wissens, die Toten, die ruhen:
Was trägt ein Herz, wie viel?
Doch wir verzweifeln am Menschen
und an des Menschen Ziel.

Wir glaubten an den Sieg
der Wahrheit aus eigener Kraft.
Doch stärker war der Lüge
glühn'der verlockender Saft.
Trunkene Seelen verstümmeln sich selbst
für den Götzen Staat,
in Misstrauen ertrinkt Vertrauen
und Liebe ertrinkt in Hass.

Wir sind nur vergeudete Späne,
zerbrochner Hammer gewesen.
Komm, mach deine Schmiede rein
mit Harke und mit Besen!
Komm, entzünde neu die Esse
und schaff, was wir war'n nimmer.
Ein Schimmer war dein Geist im Menschen.
Vergangen ist auch der Schimmer.

Chor I

Vernichte uns!
Vernichte uns!

Chor II

Ein wenig Zeit, ein wenig Zeit, ein wenig Zeit!
Erbarme dich!
Erbarme dich!

O lass es so nicht enden,
grausam unversöhnt,
solang noch irgend Leben
auf dieser Erde besteht.
Gib dem Räderwerk der Welt
noch eine kurze Frist,
dass vielleicht durch finst're Nacht
doch neues Leuchten bricht.

Ist Anmaßung dies Reden,
vergiss, was wir gesagt:
Lass uns schweigend sein
wie dicht am Boden das Gras.
Zu tief die Schande, die wir sahn,
das Leiden, zu tief, ohne Sinn.
Lass uns in Erwartung sterben,
da wir nur Erwartende sind.

Erbarme dich!
Erbarme dich!

Einzelne Stimme (aus Chor II)

Des Makrokosmos Herr,
des Mikrokosmos Herr,
du, alle Maße sprengend,
Groß und klein und schwer,
allein du weißt,
wie täuschend Maß und Zahl,
du weißt: Das Leben ist,
was Leben immer war.

Wer über's Schlachtfeld geht
und hört das Jammerschrei'n,
je mehr er sieht und hört,
so sehr wächst seine Pein.
Doch für die Not der Welt
ist keine Summe zu finden:
Er nähert sich mählich nur dem,
was eine Seele trägt innen.

Das Leben der Welt ist keine Summe,
doch Weg, den die Seele nahm,
kein Ziel vor Augen,
doch Sieg in klarsicht'ger Scham.
Und wenn du auch lachst über unsere Rechnung
Lass brennen das Fegefeuer der Erde!
Lass alles bestehn, dass die Freude
der Überwindung uns werde!

Chor I (ersterbend)

Vernichte uns!
Vernichte uns!

Chor II (ersterbend)

Erbarme dich!
Erbarme dich!

Faulheit

Ankläger

Zuerst zu euch, die ihr euch für schuldlos haltet,
ihr Faulen!
Eine schwere Last, die ihr auf euch bindet,
schwerer als das Verbrechen und schwerer als Erde tragen kann.

Auf euch lastet die Schuld am Bösen, das nicht verhindert!
Auf euch lastet die Schuld am Guten, das nicht getan!
Eine schwere Last! Euretwegen
geht die Welt unter.

Chor

Die wir vom eig'nen Herzen vergessen wurden
– an seiner Steilwand ist unser Lager zur Nacht –
wir sind's, die das Leben zum Scheintod verurteilt,
nach Wasser der Quellen dürsten wir, schlafend fast.

Unsre Arme schlingen wir fest um die Knie,
erstarrt in Spannung und nicht in Ruhe.
Über dem Mauerkamm die frischen Bäume sind.
Unter den Wurzeln hör'n wir die Quellen sprudeln.

Hier sind unsere Leben. Hier sind unsere Seelen.
Der strafend du kommst: Zu erlösen uns, was wirst du tun?
Kennst den Weg du dahin, wird's gut uns ergehen.
Geh'n wir von den Quellen, erdrückt uns der Wüstensturm.

Keine Krüge den heißen, trockenen Munden.
Niemals erheben wir die Hände und handeln -
bis wir aus den innersten Quellen getrunken.
Am eignen vermauerten Herz erwarten wir unser Verwandeln.

Solo

Du schreist! In mir leise
eine Antwort klingt.
Doch aus meinen tiefsten innern Tälern
noch Abscheu dringt.

Einer, nur einer
aus meinem Volk
als Dolmetscher, Kämpfer, Rufer
dir dienen wollt'.

Doch sieh', ich fürchte den Angriff
in der Seelenwelt,
und noch mehr die Torheit der Starken,
die siegen mit dem Schwert.

Wenn nur meine Vielheit
dereinst langsam heilt,
wird jeder Tropfen Bluts von mir
zur Antwort deinem Schrei.

Nie wär dessen sich'rer Glauben
jemals zu besiegen,
der ihn reifen lassen kann
in sich'rem Frieden.

Wie machtlos von seiner lebendigen Haut
der Staub des Tages perlt.
Wie mächtig gleitet er in die Stille
aus dem großen Lärm.

Choral

Alles, verstreut und geteilt,
sehnt sich, es sei einst geheilt,
und um Treue es bittet.
Auch wenn die Zweifel uns sorgen,
bist du, Herr, bei uns verborgen.
Du lebst in unserer Mitte.

Wollust

Chor

Tageslichtland ist Fremdenland.
Dort gehen wir gekleidet in Rüstung und Maske.
Dort gehen wir gehüllt in Vorzeit und Namen.
Mäntel der Schande und Ehrenquasten.
Hier, im einen und äußersten Akt
legen wir ab die neun Häute des Ichs.
Geschloss'nen Augs treten wir in den Brunnen,
nackt wie Föten und Götter sind.

Nackt wie Föten. Verwandlungsnacht
unter den Menschen berühren wir zitternd,
wandeln auf Spuren urzeitger Ahnen,
tiefseetriefend, phosphorglitzernd.
Millionen Jahre Paarungshunger
birgt irdisches Schicksal all.
Menschliche Namen und Formen sind Tropfen
aus der Ekstase Schwall.

Männerstimme

Fassungslos erwach ich – aus welchem Schoß?
Nicht Menschenberührung fühlte ich bloß.
Ein Leben am Boden des Selbst führte ich
und den Elementen gehörte ich.

Frauenstimme

Benommen versank ich, von Dunkel geblendet
von keinem Mensch, von Phantomen geschändet.
In der Erdgeister Lüsten ich glühte,
gebar in Scharen die Wunder aus Mythen.

Chor

Nackt wie Götter. In formloser Dämmerung,
dem Meer entsteigend, stehen sie am Strand.
Ohne ihr'n Weg und ihr Reich zu kennen,
beschreiten sie zögernd den Sand.

Ohne die eigenen Kräfte zu kennen,
atmen sie langsam, stehen und drehen sich.
Die Welten erwachen von ihrem Atem,
die Tiefen und Höhen entzünden sich.

Frauenstimme

Stolz! Wie mächtig kann er sein, wie bescheiden!
Ich bin heiliges Bild, bin nur Zeichen,
verklärt, weil eine Macht mich braucht.
Deine Verehrung wächst über mich hinaus.

Männerstimme

Was blieb von unserem Erdengewicht?
Du offenbarst, was noch nicht ist.
Ich selbst bin Feuer. Ich bin keiner.
Wir jenseits der Dinge und unser Reich ist nur scheinbar.

Chor

Willst du verschlossen den letzten Weg?
Willst du die letzte Flut eingedämmt,
die unser trockenes Sein und Wesen
aus Welten jenseits von Schicksal tränkt?

Willst du ersticken in Namen das namenlos
zeitlose Feuer des Schöpfungsbrands,
bis das verzehrende Wunder sich beugt,
in Absicht und Willen gebannt?

Choral

O Herr, der unser Richter ist,
der du uns nie vergessen lässt,
wie weit dein Reich, wie weit.
In Bedrängnis und Not
war die Lust wie der Tod
ein Seufzer aus Tiefen, in die niemand reicht.

Hochmut

Chor

Wie könntest du ohne uns bestehn,
Großer, Langsamer du.
Woher wär' dir Raum, dich zu erheben?
Aus unserm Hochmut kam er dir zu.
Dir sind hier Schutz und Felsengrab
uns're gefalteten Hände
und hör: Wir beten – nein nicht um Gnade –

mit zusammengebissenen Zähnen:
Ich vermags!

Um uns klammert sich hartnäckig
und blind das wimmelnde Leben.
Allein dem Menschen - höchster, niederster -
wurd' leere Verzweiflung gegeben.
Der sich niedrig denkt,
wird viel zu leicht verletzt.
O segne unsern Hochmut,
der besteht bis zuletzt:
Ich vermags.

Was hatten wir sonst, die wir
in lebloser Wüste verharrten,
die wir im unwirklichen Dunkel
einen Trost zu schaffen wagten,
der Chaos zwingt in Form, gebor'n
aus brennender Heimatlosigkeit,
der Töne gibt den Tränen, Worte
den Schreien - der uns vielleicht rettend befreit:
Ich vermags.

Hier wiegt eine Waage,
sie wird dem Tod und dem Leben gerecht.
Wie schwer sie hängt, die Schale
unsers verstümmelten Schicksals und Schmerz.
Wie leicht die and're, mit allem,
was man sich erstrebenswert denkt.
Leg darein noch unser'n heiligen
Hochmut, dass sie sich langsam senkt.
Ich vermags.

Abschluss

Chor

Nicht einmal das Böse
wirst jemals du vernichten,
ohne dass der Tod
auch über dich dann kam.
Gegen niedrigsten Dämon
wirst keinen Schlag du richten,
der nicht auch geht gegen dich,
ewiger Sam'.

Ewiger Sam',
denn niemand sah dich blüh'n,
nur wachsen,
ewig, immerwähr'nd.
Doch in aller Leere
bleibt immer ein Sinn.
Und des Lebens Sehnsucht
bleibe uns noch gewährt.

Bleibe uns noch gewährt,
des Tages schwerste Stunde,
gib sie uns noch in all ihrer Qual,
der du unser Morgenstern,
kühl schimmernder Trost,
im Nebel erahnt,
auf Wolken getragen,
wie sieben Drachen dunkel, fern.

Nachgelassene Gedichte

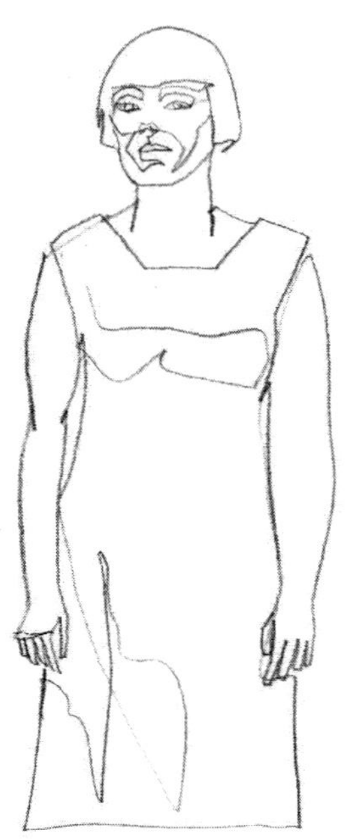

Form bin ich

Form bin ich,
doch Stoff die Urfeuerflamme.
Brand ist mein Blick
und Flammen sind meine Hände.
Im Schöpfungsrausch
schlingen sich Feuerzungen
unersättlich ums Linienspiel,
das dein Wesen ist.

Form bist auch du,
doch Form, durchglüht,
ätherisch erhoben
aus Tiefen des Feuermeers –
Erscheinung und Bild,
halb erschaffen und entstehend
- wie alle Götter -
Blase über dem Chaos.

Von allen Dingen
sind am vergänglichsten die Götter,
von allen Dingen
ist am beständigsten die Anbetung.
O Blase Blase,
Augenblick und Blendung
und durch das Feuer
Ziel der Ewigkeit!

Trankopfer

Herbem Rotwein neigen sich schwere Stirnen.
Doch sind sie vom Wein nicht zur Schwere gezwungen.
Der Wein, der Gedanken am meisten löst,
löst am wenigsten die Zungen.

Wie geheime Glut und Opferfeuer
ist dieser herbe Rotwein.
Nur ich allein weiß, vor welchen Mächten
dieser Rauch fein aufsteigt.

Ich allein weiß, aus welchen Welten
ich beziehe meinen Rausch,
da jeder vorbei an jedem starrt
und fernem Seufzen lauscht.

Jeder erhebt sein Glas auf ein Ding,
das keiner der andern zu sehen vermag,
in dunklen Gefilden, wo ohne Bedeutung
jeder Jubel und jede Klag'.

Hier also erheb' ich meinen Rotwein,
meine Opferflammenglut,
auf einen Schmerz, der mein ist und gleicht
ewig verzehrender brausender Meeresflut.

Odysseus am Mast

I

Bindet mich, Krieger,
fest an den Mast.
Die Taue gebunden
und sicher gefasst.
Gebete, Gebote
fortan gelten nichts.
Euch Wachs und die Todes-
versuchung für mich.

Wachs in die Ohren,
Ruder zur Hand -
so erreicht euch kein Lied
aus gefährlichem Land.
Bis wir vorbei sind
und ihr mich befreit
bin ich ohne Männer,
ohn' Häuptling ihr seid.

Agamemnon, König,
auf den Hellas hofft,
hätte geführt - mit stummen
Winken, das Ohr fest verstopft.
Ajax, getrieben
von Untiergesang
wär' kühn gesegelt
in den Untergang.

Jeder ist König,
solange er kann.
Nur ich, ich bin
ein einsamer Mann.
Stärker als Ruhm
und Macht und Befehle,
lockt mich das Wissen,
das ich mir erstehle.

Im Alltag ist es
kaum zu gebrauchen,
zur Schenkung, zur Erbschaft
will kaum es taugen.
Bindet mich, Krieger,
doch das Ohr lasst mir frei!
Mein das Gehörte, Geseh'ne
und alles Gefühlte sei!

II

Wie wellenbrausender
Saitenklang
erhebt sich aus Fernen
ein Gesang.

Wie gut, dass ich folgte
der Herzenslist.
Nun kann ich lauschen
in Zuversicht.

Klarer, stärker. Stärker, näher.
Felsen, Wasser und Raum verschwinden,
lösen sich auf in Tonkaskaden,

ich spüre des Feuers Beben tief innen,
wie ein das All verbrennendes Herz.

Schwächer, schwächer... weiter, entfernter...
Es muss was geschehn. Ein Gott muss mich hören.
Alter Feind Meergott, zerschlage das Schiff!
Hör mein Flehn: Du musst mich zerstören!

Noch eine Minute, und die Hoffnung ist hin.
Noch eine Minute, und das Feuertor schließt.
Verzweifelt, verloren in letzter Minute,
wie verstümmelt, geblendet bin ich.

Der Wind frischt auf.
In Wein und in Lärmen
verschwimmt die Melodie
aus der Ferne.

Zitternd vor Tränen
gebunden am Mast
häng ich besinnungslos,
fiebernass.

Fantasie

Fackelfeste in alten Hallen.
Es dampft der verschüttete Wein.
Und mattschimmernd glühn
der Könige Stirnenbänder.
Flackernde Schatten lecken
an jungen Gliedern in klirrendem Rasseln:
Tanz in Juwelen; Tanz in Waffen.

Trunkene Dämmerung fällt und fällt,
brennend, verdichtend,
anschwellend, verschlingend,
umarmend den Schimmer, ertränkend Erinnern,
bohrend:
heißer, blinder, dichter,
fort in das durstige Dunkel ein Glutrubin.

Moorwanderer!

Dunkel liegt mein Land.
Wanderer, wer bist du?
Moorwanderer!
Blind liegt mein Land.
Wanderer, wer bist du?
Ich fühl, wie sich füllt deine Fußspur
mit Blut meines Innern.

Ich will deine Hände kennen.
Sind sie ein Feuer, das brennt,
dann lass es mich fühlen.
Ich will deine Hände kennen.
Sind sie wie kühlende Blätter,
streich sie über den Schmerz der Bäume
und lass die Toten erwachen.

Sei still. Hab Vertrauen

In Verzweiflung weinst du:
Wo ist das weise Wort,
das allein die vergifteten

Weltenwunden heilt?
Und wo der Gedanke,
o gib den Gedanken,
der uns führt hinaus aus den Zeiten,
wo herrscht des Todes Geist.

Sei still. Hab Vertrauen.
Unser Sein ist Schöpfung.
Tief sind wir mit dem,
das sein will verbunden.
Deine große Verzweiflung
ist keine leere Furcht.
Sie hat ihren Ton der Pein
vielleicht in den Tiefen gefunden.

Das blinde Dunkel wird
von geheimen Träumen gepeinigt.
Unsichtbar sind sie,
doch nah sind sie überall.
Man kann sie nicht sagen.
Man kann sie nicht denken.
Man muss sie erst leben
in ihrem Wesen und ihrer Gestalt.

Bitte nicht um Worte,
bitte nicht um Gedanken,
bitte um Anteil an der Angst
unsrer Wurzel am tiefsten Ort.
Das Schweigende denkt
in Fleisch und Blut und Willen
und schleudert vielleicht einst wie Feuer
dich selbst – sein Wort.

Wie kann Vertrauen leben?

Um uns stürzt alles zusammen,
und mehr noch wird stürzen,
bis unserm Fuß zur Stütze
bleibt kein einziger Stein.
Wie kannst du noch glauben,
dem nichts zu glauben bleibt?
Wie kann Vertrauen leben,
so ohne Wurzel sein?

Ist es selbst Wurzel?
Ist es selbst Samen?
Und wächst der Weltenbaum
selbst aus ihm heran?
Dann ruht unser Schicksal
mit schweigsamen Herzen,
so dass es um ihrer Stille Willen
wieder tagen kann.

Um seiner Ganzheit Willen
kann das Chaos blühen
aus des Wunders Macht – es schweigt,
doch geglaubt will es sein.
Alles kann zerbrechen.
Doch neu kann's wieder heilen,
solange in uns lebendig bleibt
unser innerster Keim.

Komm, all, was ganz wächst,
klar, selbsterklärend,
zu uns, die wir rechnen

und wachsam sind,
und lehr' uns, dass der Tag,
da wir nicht mehr rechnen,
unseres Lebens Vollendung ist
und Kraft, die uns Zukunft bringt.

Weihnachten 1939

Bricht die Christnacht an,
knarren Tür und Boden.
Wie seit alters und ehedem
suchen uns heim die Toten.
Als Gäste wieder da,
sind die, die uns erinnern,
dass auch ihnen immer
ein Fest die Weihnacht war.

„Wir kommen nicht, zu schrecken,
bringen Trost, Gelassenheit.
Wir sah'n im langen dunklen Herbst
eure Verlassenheit.
Wie gut, mit euch ein wenig zu bleiben.
Setzt euch, lasst uns ins Feuer schauen.
Wir kannten wie ihr das Grauen,
die eure war auch uns're Verzweiflung.

Wir standen gefrornen Mundes
zur Weltnacht auf dem Posten,
erstarrt des Himmels Brunnen,
vereist vom Blau des Frostes.
Wir fühlten den Todesstich

und Schnee lag todeskalt.
Da wispert jemand: Halt –
den Morgenstern sah ich.

Wir hörten. Wir glaubten.
Zündeten Fackeln uns're Not.
Wir standen auf zum Lichterfest
in Dunkelheit und Tod.
‚Narrenfeuer', hört man euch höhnen.
Ihr löscht sie, wenn ihr könnt, dann noch.
Besser wär's, ihr hebt sie hoch,
sie neuem Geschlechte zu geben."

Der Winterhimmel, leer und groß,
schluckt und erstickt jeden Schrei.
Wir alle lauschen atemlos,
die Toten sind mit dabei.
In der Welt irgendwo,
die so zerstört und verloren,
wird ein Kind geboren,
ein Kind der Verheißung auf Stroh.

Ich sehe meine Hand

Ich sehe meine Hand:
ein dickes Blatt,
schützend, bergend gekrümmt,
fleischige Kaktusblüte,
dunstende Kühle in Hitze,
Wärme in Abendkühle;

Ich sehe meine Hand:
grapschend, betatschend,
nie still stehende Ratte,
nagend und nagend,
bisschen hier, bisschen da,
und meint zu heilen den Sprössling.

Ich bitte flehentlich
die Mächte der Tiefe,
die diese Hand formen und führen:
gebt ihr der Pflanzen Gelassenheit,
der Blumen Ruhe,
um des Sprösslings Willen, der dort sprießt.

Nach dem Tod

„Wenn man tot ist - sag Mutter:
Mit Flügeln zu sein, wie fühlt es sich an?"
„Der Rücken rollt zuerst sich ein,
groß und breit wird er dann.

Dann wird es schwerer und schwerer,
als trüg' man eines Berges Last.
Da ist ein Zittern und Brechen,
das Rippen und Rückgrat und Mark erfasst.

Dann streckt er sich mit einem Ruck
und alles, alles trägt er bald.
Dann weiß man, dass man tot ist,
und dass man lebt in neuer Gestalt."

Blume Bitterkeit

Blume Blume Bitterkeit,
wie stehst du jetzt so prall
von reifem, goldenem Honig
für deinen bitteren Balsam all.
Wie tief hängst du mit Gaben,
die dem Steinbrech auf der Wiese,
der Blume der Glückseligkeit,
untragbar immer blieben.

Plage und Segen –
jeder hat seins.
Ich kenne nicht des Lebens Maß,
doch weiß ich, du bist mein.
Dein Kelch war wie Feuer.
Dein Saft war wie Galle.
Du reichtest mir sieben Schmerzen,
und ich trank sie alle.

Blume, Blume Bitterkeit,
was wirst du endlich reich
an heißgoldenem Honig,
der dem Sonnenlicht gleicht.
Hier steh ich betäubt von der Süße
deiner klaren Speise.
Mit Adam will ich jubeln.
Mit Hiob will ich preisen.

Rettet die Kinder

Allzu deutlich hören wir
Krachen der spanischen Granaten.
Schreie im Wind, Weinen im Regen
bricht durch die Ruhe des stillen Abends.
Inmitten selbstgefälliger Staaten
bitter lernen die Menschen da:
Geschrumpft ist die Erde, klein geworden.
Nie war Europa so nah.

Vom unendlichen Horizont aus
schließt sich der Raum immer enger.
Wenn unsere Kinder erwachsen sind,
gibt's Abstand und Nischen nicht länger.
Wir wünschen mit ängstlich geschlossenen Lippen
ihrer Zukunft ein gutes Gedeihn. –
Kinder mit Augen im Grauen ertrunken
werden ihre Schatten und Gegenwart sein.

Von Pestzeitaltern, Plageepochen
werden die Länder wund sein.
Gib, dass wir es ertragen können
für unserer Seelen Gesundheit.
Furcht und Hass und Schrecken der Bestie
schleichen wie Pesthauch in unsern Verstand.
Wem die Wunde heilt zum Schmerz
des Erinnerns – der sage Dank.

Ein Dach überm Kopf, ein Schutz gegen Kälte,
das Brot, das lindert die nackte Not,
die Wärme der Hand, das Licht der Stimme -

das sind die Waffen gegen den Tod.
Wie Kreise liegen sie um den Stein,
die auf dem Wasser sich breiten.
Niemand kann wissen, wie weit er reicht,
nur, dass er kämpft auf des Lebens Seite.

Das Kind

Kein Wurm, kein Samenkorn im Wind
ist schwächer gewappnet den Lebensgefahren,
kein Vogeljunges hilfloser
ausgeliefert der Gnade der Starken.
Welch Wagnis der verborgnen Mächte,
die sich von Menschenkindern gebären ließen,
dass sie den Wein der Weine in Schalen
aus dünner Schläfenborke gießen.

Doch nähern wir uns in ängstlicher Furcht
den Augen des Kindes, kaum wach und scheu,
in denen sich Formen und Farben spiegeln,
überwältigend, nackt und neu –
Schöpferaugen, die die Visionen zähmen
und langsam des Kosmos Heimat ordnen werden,
scheidend das Wasser vom Gewölbe darüber,
dazwischen fügend die Festung der Erde.

Und wir nähern uns in Schrecken und Beben
dem vulkanischen Morgengrauen,
das ausbricht in Geysiren und Feuer,
die uns noch in späten Wellen erschauern.
Damals der Tag war tief und ewig,

seltsam von heftigem Frühling gesättigt.
Wie eine Sonne in blauen Adern
brannte das Leben unerträglich.

Wir nähern, nähern uns reumütig
vergessnen verlassnen Ländern, versunken,
verbergend unser Königszepter,
und was der Mütter Absicht an Wundern –
die magischen Heilungskräfte der Erde
und was an Spinnweb im Morgentau war
und die heilige Wachstumskraft –
alles begraben unter der Schlacke der Jahre.

Unter Blinden, die suchen die Macht
in toter Zerstörung Bann,
wandelt das Kind als sorgloses Lächeln,
das Leben spenden kann.
Der Tag, an dem der Stahl versagt,
der Mensch die Ursprungsflut begehrt -
an dem Tag hat das Kind gesiegt,
hat sich das Schicksal umgekehrt.

Prolog zu einem Schulfest

Es gibt Höfe und Wiesen, auf denen so lange
schon Schreie, Lachen und eifrige Spiele erschallen
und kleiner schriller Stimmen Gewirr,
dass noch in Einsamkeit davon die Steine hallen.
Es gibt Räume, in denen das Holz der Wände getränkt
von frischem jungen Leben, für immer darin gebunden,
vielleicht auch Gähnen, vielleicht auch Angst,
vielleicht auch Spannung, die zu kurz macht die Stunden -

Vielleicht auch Staunen, atemlos,
über alte neue Wunder, zeitlos und groß.
Treppen gibt's, sie trugen die Füße von Generationen
in unzähligen Schulen unzähliger Länder.
Gewaltige Ströme, und Mauern der Schulen
sind ihnen die Ufer, ihnen die Ränder!

Ein Fluss aus junger Frühlingskraft und neuen Möglichkeiten
brodelnd von Ängsten und gärenden Fragen
fließt zwischen Ufern, die selbst sich nicht formten,
um auf rauschenden Wellen Zukunftssamen zu tragen.
Und die Mauern fragen: Sind wir nur Vergangenheit?
Die Strömungskraft zu brechen als Hindernis gebaut?
Ist das Erbe, das wir hinterließen,
so groß, dass sich daran die Zukunft staut?

Dann rauscht es in den Bäumen und Gräsern:
Was wirklich Zukunft, ist nicht zu dämmen!
Und Stimmen der Vorfahr'n aus Wänden klingen:
Nur wenig lässt wahres Leben sich hemmen!
Was wir an Wissen, an Traum und Hoffnung und Willen gesammelt,
zu kostbar ist's, zu vergehen mit dem Leben.
Wir trugens zum Fluss, dem jungen starken Fluss.
Er soll es tragen und kommenden Zeiten geben.
Und unter all dem, das wir lassen und er mit sich nimmt,
sinkt vieles vergessen nieder zum Grund.
Doch das Beste, das Reichste, das wir fanden und lebten,
soll bewahrt sein als Samen, voll Kraft und gesund.

So knüpft an Gedanken Gedanken der Strom
und Willen an Willen in schreitenden Zeiten
bis immer aufs Neue sich lösen die Hände,

sich eigenen Aufgaben zu bereiten.
Hier zwischen Schularbeiten, Spielen und Träumen
sind wir einer großen Gemeinschaft Glieder,
suchend gestreckt nach dem, was wir wagen zu hoffen -
der ganzen Menschheit Kinder wieder und wieder.

An dich

Du meine Verzweiflung und meine Kraft,
du nahmst mein Leben, Stück für Stück,
und weil du alles gefordert hast,
gabst du's tausendfach zurück.

Nie ist der Wald so glücklich wie jetzt…

Nie ist der Wald so glücklich wie jetzt in Sonne und Regen,
nie sprüh'nder von Duft und nie so glänzend wie Glitter,
nie so spielerisch tröstend – doch mich erreicht's nicht,
so sehr ich's begehrend auch suche. Mein Schmerz ist zu bitter.

Trinkt, meine Augen, vom goldenen Licht, das ich selbst nicht seh.
Atmet, ihr Lungen, den Duft, den feuchtes Moos verströmt.
Ich bin toter Stein. Vergesst mich. Lebt für euch.
Sammelt in versteckten Kammern, was ihr nur könnt.

Unerreichbar der Raum, wo des Tages Ernte
sanft reifen soll in Duft, Rausch und Schimmer.
Ist die Zeit reif, sprengt die Pracht ihr Versteck. Frisch über mich
wie ein Wasserfall strömt, was ich an Schmerz erinner.

Viele Stimmen sprechen

Viele Stimmen sprechen.
Deine wie Wasser klingt,
das des Nachts,
als Regen niedersinkt.
Leise schluchzender
langsamer Fall,
zögernd, schmerzhaft
lebendige Qual.

Wie auf dem Boden
sanft plätschernder Laut
rieselt und tröpfelt es
mir auf die Haut,
umschlossen bin ich,
sanft eingehüllt,
flüsternd die Ohren
mit Erinn'rung gefüllt.

Ruhig will ich sitzen,
wo ich dich nicht störe.
Dort will ich leben,
wo ich dich höre.
Viele Stimmen sprechen,
doch durch sie all
hör ich die deine wie
nächtlichen Regenfall.

Man hat dir deine Gedanken gestohlen

Man hat dir deine Gedanken gestohlen? – Lästerer, du machst
mir Angst!
Wer den Verstand besitzen will, ist Verräter am Verstand.
Nur tief gebeugt tritt die Seele ins Tor, das ins Königreich führt.
Vielleicht kannst du der Wahrheit gehören – doch niemals
gehört die Wahrheit dir!

Der Strafengel spricht

Gib mir das tote Stück deines Lebens.
Erwecken will ich es wieder.
Es sei unser nächtlicher Zeitvertreib,
es zu knicken nieder.
War dein Tag auch so blutlos leer,
ich kann ihn zwingen, doch noch zu bluten,
kann ihn zwingen in Schimpf und Schande
aufzuerstehen von den Toten.

Ist dann wieder Tag und du packst wieder zu,
wirst du sehn, was dir zuerkannt,
dann siehst du das Zeichen lebendiger Nacht
auf deine Schläfen gebrannt –
als Zeugnis, dass du als Gnade empfangen
die Zeit, die du verraten wolltest,
gefüllt war sie doch bis zum Rand -
ob mit Qual oder Freude, das spielt keine Rolle.

Der Dom zu Linköping (Februar 1938)

Altartafel

I

Such hier nicht die Stille der Toten.
Die Mauern triefen vom Wachen der Zeiten.
Die Gewölbe beben von der Rückkehr
der lebendigen Geister.
Um sie dreht sich langsam
der Jahrhunderte Kreis.
Alles ist nah. Nichtig ist
Vergangenheit.

Der Geist, erhebend Stein auf Stein
wie eines Tempelstamms treibender Saft
brachte neuen Zweig hervor.
Den Bildern entströmt ein leuchtender Schein.
Ein Fordern ist es aufopfernder Kraft,
dem seit Alters die Väter gefolgt.
Dort der Mann mit schmalem Mund
saß nie glücklich am Abendbrunnen,
als müde kam die Herde heim
im sorgenlösenden Dämmerschein.
Er ist Feuer. Und Feuer kündigt er an,
Gott so sehr wie der junge Mann.
Alles Geheime durchschaut dieser Mann,
streng, wie es nur Jugend kann.
Hoch in seines Bogens Reinheit
ruft er zur Schlacht.

Auf seiner Stirn liegt
Mittelalter, jung und hart.

II

Jahrhunderte Verwandtschaftszug,
Prophet für Prophet durch die Zeit.
Dunkle Wirklichkeit gegen die Räume
aus Silberluft und Nichtigkeit.

So einzigartig im
Schöpfungsphantom
trägt der Mensch seine schwere Seele
zum Stein im Zeitalterdom.

Und weit entfernt ihr Blick
von dem, das nicht vergeht.
Erstarrt, verschlossen das Gesicht,
das aus Leiden für das Schloss besteht.

III

So schwer schlägt das Licht,
kein Staub kann es tragen.
Geh hin; Licht! Den Lehm, den du wählst
zur Wohnung, wirst du zermalmen.
Wie viele suchtest du heim
seit Anbeginn der Zeit?
Sie beteten alle
das selbe Gebet: Erbarmen!

Wie viele sind's, die mit dir gerungen
und die du bezwangst,

nur der Visionen verwirrende
Versprechen als Trost.
Wie viele verließen im Morgengrauen
die Jabboksfurt
mit der Summe ihres Lebens
in gelähmten Hüften bloß.

Wir sahen ihre Bewegung
hässlich verformt
und dachten: sind sie als Werkzeug
für Licht zu gebrauchen?
Sieh, der Gesundheit Sonnenlicht,
das mild heilt die Welt,
ist mächtig in den Gesunden,
doch diese sind krank und straucheln.

Wir sahen ihr Lächeln
und konnten es nicht deuten,
wir sahen ihre Spuren,
von denen Legenden erzählen.
Die Pracht ihres Himmels
und die Pracht ihrer Hölle
ergriff uns wie ein Rausch.
Wer weiß schon, was er wird wählen?

Ja, wer weiß es noch,
wer kennt die Wege,
die führen zum Stein der Weisen
und des Lebens roten Kernen.
Sie riskierten ihre Seelen.
So sag, Jabboks Mächtiger,
heilst du dein Volk
unter der Todesängste Sternen?

IV

Bildteppich

Doch während sich Kräuter entfalten,
wo noch zuletzt die Felder leer,
erwachte die Erde im Weltraumsfrühling
und blühte mehr und mehr.

Aus Farnwäldern und Echsenschleim
kroch das Leben den Abgrund hinauf.
Dort kniet ein Menschenkind und schaut
über die Tiefen hinaus.

Wie wuchsen Flügel gefiederten Vögeln?
Wie entstand der Stamm der Kastanie,
der sorgsam und stolz trug die feinsten Kerzen
hoch über Drache und Schlange?

Wir wissen von der Quelle,
dass sie von Kraft der Tiefe nie versiegt.
So lasst uns erkennen in allem,
was den Schöpfungsquellen Aufgang gibt,

und lassen wie Hiob auf seiner Qualen Haufen
das Sinnieren über Gerechtigkeit
und lehnen unsere kranke, zähe Hoffnung
gegen das Wunder, das noch Wunder bleibt.

Bäume

Lebendig wie wir
und weit, weit entfernt,
so ist unser Wort „Verstehen"
nur Rauch und Wind.
Tief unzugänglich
dem Denken, den Sinnen,
wie anschmiegsam auch unsren
Wangen die rauhen Rinden sind.

Augenlos leuchtet ihr
in Augenfreuden und Blumen.
Mit welchem Werkzeug
kennt ihr eure Pracht?
Durch welches geheime
schaffende Wissen
habt ihr Teil an des
Sehens und Riechens Macht?

Lehnend am Stamm
sind wir unbemerkt,
und reichen nicht
an euer Innerstes ran.
Oder dringt zu euch, gespiegelt,
ein Fetzen unseres Wesens,
erschütternd, erschreckend,
uns selbst unbekannt?

Und stammen wir auch
von den selben Ahnen,
kein Blick reicht bis

zur gemeinsamen Stund'.
Zu viele Abenteuer,
die uns seither trennten,
zu unerkennbar
unser einfacher Grund.

Wir treffen vielleicht uns
doch noch einmal
auf dem Weg, wo das
Leben zurückkehrt zum Lehm.
Es streckt sich eine andere Hand
zwischen den getrennten Verwandten.
Wir danken dem Tod, denn er lässt
den Zusammenhang uns sehn.

Den Stoff, immer geliehen,
geben wir zurück.
Schmelzt es in eure Form,
nehmt es und gebt es wieder!
Lasst als Geschenk es
freundlich uns tauschen,
ihr tief schönen unbekannten
Geschwister.

Wir, die nicht wagten zu sehen

Die wagten zu sein, die wenigen
- sie seien gepriesen, gesegnet -
von uns so oft verstümmelt, erschlagen,
die wir nicht wagten zu sehen.

Verdunkelte Ikonen derer,
die brennen und leben, die Bilder,
gleich in Größe und Wert hängen sie
inmitten derer, die so viel geringer.

Jahrhunderte haben geglättet,
was seltsam in ihren Zügen war,
wie wir sie selbst geglättet haben
Tag für Tag und Jahr für Jahr.

Wir feilen und verschönern,
wie nur in unserer Möglichkeit,
bis nichts mehr den Geist unterscheidet
von der Wohlanständigkeit.

Die Jungen gehen und suchen
nach dem Feuer, dem Brand.
Sie gehen mit leeren Augen.
Kein Auge, das etwas fand.

Sie müssen alles noch einmal erleiden.
Die Armen! Wir haben
vergeudet der Heiligen Gewinn – Wir,
die nicht zu sehen wagten.

Menschliche Vielfalt

Schön ist ein starker Körper,
der harte Brandung bricht.
Schön, schön ist der Schlaf des Kindes,
wenn es von Spielen erhitzt.

Schön ist der Arbeitstag – hartes Brot,
gebrochen, gesegnet, gegessen -
und schön die Stunde, die uns lässt im Rausch
Vergangnes und Zukunft vergessen.

Uns gebaren Mütter von Himmel und Erde
und Mächte, weit, ohne End',
nächtlicher Wille und Wille des Lichts
mit Namen, die niemand kennt.

Dass nur keine der vielen
uns werde übermächtig,
sei sie auch von Himmelsgeschlecht
und ihr Licht auch noch so prächtig.

In uns ist Vielfalt lebendig.
An Einheit tasten wir uns heran.
Wir wurden geboren, Brennglas zu sein,
alles zu fangen, zu sammeln dann.

Groß ist das menschliche Streben,
die großen Ziele, die er sich macht.
Doch größer noch ist die Menschheit selbst
mit Wurzeln in der Ganzheits Nacht.

Gib, dass geheimen Raum wir wahren,
dass immer an eine Kerze gedacht
auf des unbekannten Gottes Altar,
der vielleicht morgen erwacht.

Wildapfel

Wie ist das möglich?
Wie konnte solch herrliche Vielfalt wachsen,
solch frische und feine und luftige Blütenwolke,
solch ein Wald aus gewundenen wilden Zweigen,
solch raue Rinde mit grünen Flechten,
und alles nur
aus ein und demselben dunklen kleinen Kern?
Dort lag es, alles,
Stamm, Zweige, Blätter und Rinde und luftige Blüten,
in Herzform gezwängt.

Doch wir sind des Wildapfels Spiegelbild im Wasser.
Aus Reichtum, grenzen- und bodenlos,
aus junger Tage luftig leichter Fruchtblüte,
aus hunderter Wege Wald aus schlingenden Zweigen,
aus einfacher Rinde eines einfachen Lebens
sammeln wir langsam,
bis still alles liegt, dicht, verschlossen
im Kern eines Herzens...
Wie ist das möglich?

Jetzt ist die Zeit des großen Wartens

Jetzt ist die Zeit des großen Wartens
vor der Blätterzeit,
jetzt zittern die Bäume in mangelnder Pracht,
die Birken in Purpur, die Espen in Grün,
in Goldrot am Bach die Weiden -
unsichtbarer Kräfte Zeit,

wenn alles nichts als Gebärmutter ist...
die Seelen gehen keuchend schwer,
die Dämmerung hetzt und ermüdet
wie in unersättlichen Liebestreffen.
Jetzt duckt sich die Schöpfung zum Sprung der Begierde -
bevor die Enttäuschung kommt,
wenn der Wald so grün wie möglich
und die Welt ist so fertig wie möglich
und Bäume und Menschen wie schlafend murmeln:
"Wir wollen mehr."

Wie kann ich sagen...

Wie kann ich sagen, deine Stimme ist schön?
Ich weiß nur, dass sie mich durchdringt.
Sie lässt mich zittern wie ein Blatt,
sie lässt mich bersten, wie Glas zerspringt.

Was weiß ich von deiner Haut, deinen Gliedern.
Es erschüttert mich nur: Sie gehören dir,
so dass ich nicht Schlaf noch Ruhe find',
bis sie gehören mir.

Alles enthältst du

Alles enthältst du, mehr als ein Sterblicher trägt.
Licht und Dunkel sind dir in doppelte Schale gelegt.

Wie's schimmert, das eine, nackte, kühle, fahle.
Perlmuttluft über Wasser von blassem Opale.
gesehene, sehende,

tagentstehende
Dämmerung öffnet zaghaft ihre Muschelschale.

Aber das andere, in sich gekehrt, düster brütend,
auch eine Muschel, doch in des Meeres stummen Tiefen.
Unaufgebrochen,
seit der Schöpfung geschlossen,
geheimen Raum des Mutterschlafs behütend.

Du bist, was Ziel meines ganzen Wesens macht.
Du bist alles: in doppelter Schale Tag und Nacht.

Du bist meiner Seele Auferstehung

Du bist meiner Seele Auferstehung
zur Wirklichkeitsextase,
dass Luft mich heiß wie Feuer bewegt
und scheint wie ein Meer aus Glas,
und bist meiner Augen Kraft
dass sie betäubt empfangen,
dass zu ihnen die flammenden Farben
in trunkenem Schimmer gelangen.

Du bist meines Willens Stärke,
du gibst mir eine Kraft,
zu warten und zu handeln,
wie ich sie nie gehabt.
Ja, der Hunger meiner Sinne,
der mich antreibt und mich jagt,
wird, da er auf dich gerichtet,
zum Jubel jeden Tag.

Du bist die Reife meines Lebens.
Du machst mich ganz und heil.
Aus meiner Vergangenheit sammelt sich
jede Faser, das kleinste Teil.
Auf hundert verschiedenen Wegen
bin ich gewandert, hab' ich gestrebt.
Jetzt treffen sie sich. Auf dich hin
habe ich gelebt.

Wo die Wünschelrute sich senkt

Wo die Wünschelrute sich senkt,
läuft die Wasserader entlang:
hier kreuzt sich Schicksal,
ernst, von Belang.
Flieh nicht in Träume
von fruchtbarerm Ort.
Hier ist dein Boden, und die Mächte
sprachen ihr Wort.

Hier kann es sein, wenn du gräbst,
dass der Boden der Heide
erblüht zu prächtigem Park,
zur Augenweide.
Und hier kann geschehen,
dass dein Bemühn
gelohnt mit dunklen Kratzern ist
vom harten Immergrün.

Dies oder das and're
hat wenig Gewicht

gegen Berührtsein von eigenem
Schicksals lebender Schicht,
wo böse Mächte gebrochen,
wo Schöpfung geschieht,
wo du ins Größere wächst
und die Welt mit dir.

Glaub nicht, dass deine Träume
endlich werden wahr.
Glaub nicht, die Wiese wieder zu kriegen,
die längst verloren war.
Wo die Wünschelrute sich senkt,
wohnt Geheimnis, streng bewacht.
Nichts geschieht von dem,
was du erwartet, was du gedacht.

Zieh den Schuh vom Fuß.
Sei still, sei wachsam, gefasst.
Hier ist's, wo du mit der Macht der Geburt
dein Treffen hast.
Wie tief die Erde gärt.
Ihre Seele ist wie deine.
Hier öffnet sich dein Weg
in sie hinein.

So treiben wir…

So treiben wir, verlorene Seelen,
von Lagerfeuer zu Lagerfeuer,
unbekannt die nächste Rast
und das Ziel der Reise -
wir wissen, es wechseln Tag und Nacht,

schwerer Abend und mächtiger Sonnenaufgang,
und wissen, dass kurz die Reise scheint
und erbarmungslos zu lang.

Nun, wir wissen mehr: in schlafloser Nacht
lauschen wir still in heimlichem Schrecken
in unser Inneres, dort ein Murmeln
wie von unterirdischen Bächen
oder der Muschel leises Rauschen,
in dem man das ganze Meer vernimmt,
und ängstlich hören wir auf zu fragen,
welcher Weg für uns bestimmt.

So treiben wir, verlorene Seelen,
von Lagerfeuer zu Lagerfeuer
unbekannt die nächste Rast
und das Ziel der Reise -
doch fühlen unser Herz gezogen,
unwiderstehlich, ohne Wahl
zu unbekannter Heimat Meer,
tief murmelnd in der Muschelschale.

Deine Stimme

I

Deine Stimme: in altem Obstgarten halb verwachsener Gang
mit tiefen Schatten und heller Sonne, plötzlich Vogelgesang,
ein Pfad des wilden Lebens in Rausch und Einsamkeit --
wie abenteuerlich einsam und wild, ist mir nur gezeigt.

Und wenn ich nachts erwache, erwach' ich darin,
verlier in ihr Schattenspiel mich wieder, durchscheinend grün.
Dort verweil ich für Stunden und weiß, dass wem
du folgst und wo du lauschst, mein Heim ist hier.

II

Deine Stimme: Ich hörte sie zwanzig Jahre, und alles, was du
gesagt,
lag in mir versunken, doch geladen mit Kraft und stark.
Nun hör ich's Wort für Wort wieder, erfüllend mir Nacht und
Tag.
Sie war meiner Adern Wärme. Sie war meines Herzens Schlag.

Was sind diese Tiefen in uns, wo man Vergangenheit findet?
Oder ist's nur dein Wesen, deine Stimme, an die ich erinnert?
Du warst Erfüllung meines Lebens. Was an Reifung kam
heraus?
Ein Baum, erstickt in Agonie, brach endlich in Blätter aus.

III

Ich weiß, was alle sagen: Wie kurz sie ist, deine Zeit.
Dass du einmal gehst, kann ich nicht fassen, ich bin nicht bereit.
In keiner Welt kann man leben, in der du nicht bist.
Mein Verstand ist keinem Wunder geneigt. Mein Herz glaubt
und ist's.

Auf dem Grund der Dinge

Ich las in der Zeitung, dass jemand gestorben, den ich mit
Namen kannte.
Sie lebte wie ich, schrieb Bücher wie ich, wurde alt und nun ist
sie tot.

Stell dir vor, jetzt tot zu sein, zurücklassend alles:
Angst, Grauen, Einsamkeit und die unversöhnliche Schuld.

Doch eine große Gerechtigkeit verbirgt sich auf dem Grund der
Dinge.
Wir alle erwarten eine Gnade – ein Geschenk, das niemand
raubt.

Die leisen Schritte hinter mir

Lausch' ich, hör ich das Leben fliehn,
schneller geht es im Nu.
Die leisen Schritte hinter mir -
Tod, das bist du.

Früher warst du weit entfernt -
wie lieb warst du mir da.
Nun, da ich mich nicht länger sehne,
nun bist du nah.

Lieber Tod, du hast in deinem Wesen
etwas, milden Trost zu geben:
Was fragst du schon, ob groß gewachsen
oder vergeudet das Leben.

Lieber Tod, du hast in deinem Wesen
etwas, das reinigt, klärt und pflegt.
Was gleich an Gut und Böse ist,
wird von dir bloß gelegt.

Folg mir, lass deine Hand mich halten,
beruhigend ist's, gut und tief.
Du machst das Schöne tragend groß,
und klein machst du, was hässlich ist.

Es ist, als ob du was von mir willst.
Du wünschst ein Geschenk als Gabe:
einen seltsam kleinen Schlüssel –
Das kleine Wörtchen „Ja".

Ja, ja, ich will!
Ja, ja, ich bin bereit!
Meine Frömmigkeit lege ich dir zu Füßen –
so wachse noch Leben und Lebenszeit.

Mein armes Junges

Mein armes Junges, das dunkelfürchtend
Geistern begegnet' der anderen Art,
immer unter den Weißgekleideten
bemerkte der Bösen Gegenwart,
nun will ich dir sanfte Lieder singen,
den Schrecken zu lösen, den Zwang und den Krampf.
Sie fragen nicht nach der Bösen Reue.
Sie fragen nicht nach der Guten Kampf.

Sieh, du sollst wissen, dass alles, was lebt,
tief innen ist vom selben Schlag.
Wie Baum und Kraut kann es zaghaft wachsen –
durch eignes Gesetz hervorgebracht.
Gefällt mag der Baum sein, die Blume gebrochen,
die Zweige verdorrt in zerstörter Kraft,
doch verbirgt sich der Traum – geweckt will er sein –
in jedem lebendigen Tropfen Saft.

Jene dunklen Engel

Jene dunklen Engel mit blauen Flammen
wie Feuerblumen in ihrem schwarzen Haar
kennen Antwort auf seltsam blasphemische Fragen –
vielleicht, wo die Brücke führt, wissen sie sogar,
wo aus den Tiefen der Nacht zum Tageslicht –
vielleicht, wo aller Einigkeit Zufluchtsort –
vielleicht gibt es im Haus des Vaters
eine helle Wohnung, mit ihrem Namen dort.

Nachwort

Biographisches

Im Februar 1932 schlägt in Berlin eine Schwedin auf, die sich in ihrer Heimat mit drei Gedichtbänden bereits einen Namen gemacht hat. Aber erst in Berlin scheint sie Befreiung ihres Lebens von Krisen und Zwängen zu erfahren – oder die Illusion davon. Was sie ursprünglich nach Berlin trieb, war das tiefe Bedürfnis, endlich eine umfassende und hilfreiche Psychoanalyse zu finden. Was sie tatsächlich fand, war ein Ausleben ihrer Bisexualität in der Berliner Homosexuellen-Szene. Heilen konnte sie das aber nicht nachhaltig von ihren persönlichen Krisen, die sie letztlich in den Selbstmord trieben.

Wie konnte es dazu kommen? Die am 26. Oktober 1900 in Göteborg geborene Karin Boye war ein äußerst fantasiebegabtes Kind, das sich aber schon in früher Pubertät mit Lebens- und Sinnfragen belastete. Bereits als Jugendliche nannte sie sich selbst eine Buddhistin und hatte keine Scheu, das auch offen im Schulunterricht zu bekennen. Als junge Erwachsene wandte sie sich dann wieder dem Christentum zu, vielleicht dem Bedürfnis geschuldet, ihre Religiosität im Austausch mit einer Gemeinschaft zu leben. Diesen Austausch fand sie in christlichen Ferienlagern, in denen dann auch die Bekanntschaft mit der sechs Jahre älteren Anita Nathorst begann, die am Ende von Boyes Leben noch einen wichtigen Platz einnehmen würde.

Spätestens während ihrer Ausbildung zur Grundschullehrerin in Stockholm wurde sie sich auch ihrer sexuellen Orientierung bewusst, die sich zunächst in einer hoffnungslosen Schwärmerei für eine Mitstudentin ausdrückte, und die sie dann später (1934) in ihrem autobiographisch geprägten Roman „Krisis" verarbeitete. Die Widersprüche, in denen sich Karin Boye aufgrund ihrer sexuellen Orientierung befand, waren ein Grund, dass sie statt eines Theologiestudiums, wie es die Rektorin ihres Ausbildungsseminars für sie wünschte, Psychologie studieren wollte. In dieser Zeit wurde sie auch zur ernsthaften Dichterin und als 22-Jährige traute sie sich, ihre erste Sammlung „Wolken" („Moln") einem angesehenen Verlag, dem Albert Bonniers Förlag vorzustellen. Heutzutage kaum vorstellbar: Der Verleger Karl Otto Bonnier sagte der jungen namenlosen Frau die Veröffentlichung zu und zahlte sogar einen Vorschuss, aus dem einfachen Grund, dass ihm die Gedichte gefielen.

Aus dem Psychologiestudium wurde dann in Uppsala ein Studium in Griechisch und in nordischen Sprachen und Literatur, wobei es ihr dabei besonders Isländisch und die Edda angetan hatten. Unter dem Einfluss eines Kommilitonen begann hier auch die erste Auseinandersetzung mit Freud und der Psychoanalyse, auch dem Wunsch geschuldet, „normal" zu sein. In der Zeit erschienen die zwei weiteren Gedichtbände „Verborgenes Land" („Gömda land" 1924) und „Herde" („Härdarna" 1927), die beide insgesamt positiv aufgenommen wurden, auch wenn Karin Boye selbst mit dem dritten Band „Herde" nicht ganz glücklich war.

1928 zog Boye nach Stockholm, wo sie in verschiedenen Zeitschriften auch essayistisch tätig wurde, von ihrem Verlag den Auftrag erhielt, Thomas Manns „Zauberberg" zu übersetzen, und vorübergehend als Lehrerin arbeitete. Noch in Uppsala hatte sie sich außerdem als Mitglied der linksgerichteten Intellektuellenvereinigung „Clarté" politisiert – eine bemerkenswerte Entwicklung, da sowohl die Psychoanalyse als auch „Clarté" äußerst religionskritisch bis religionsfeindlich eingestellt waren.

In dieser Vereinigung lernte sie Leif Björk kennen, den sie 1929 heiratete. In Stockholm geriet die Ehe mit Björk recht schnell wieder in Auflösung und Karin Boye suchte gezielt die ein oder

andere „Affäre" mit einem Mann. 1934 wurde die Ehe geschieden.
Soweit man Ehe und Affären als Versuch verstehen kann, sich von der Homosexualität zu „heilen", muss man annehmen, dass Boye doch weniger bisexuell als homosexuell war: Sie ging jedenfalls keine weitere Beziehung mit einem Mann ein und kein Mann sollte auch eine solche Bedeutung für ihr Leben haben wie Boyes spätere Lebensgefährtin Margot Hanel oder die unerwiderte Liebe Anita Nathorst.
Mit dem Roman „Astarte" (1931) – eine Konsumkritik aus der Sicht einer Schaufensterpuppe – begann Boyes erfolgreiche zweite Karriere als Prosaschriftstellerin. Diese neue Tür, die sie öffnete, änderte aber nichts an den Depressionen bis hin zu Selbstmordgedanken, die sie dazu bewegten, in Berlin eine psychoanalytische Behandlung zu beginnen.
Berlin bedeutete für Karin Boye möglicherweise Befreiung und Verstörung zugleich: Befreiung dahingehend, dass sie sich ihrer sexuellen Orientierung endlich ohne Schuldgefühle stellte. Sie verkehrte in den einschlägigen Bars, pflegte Affären und „verführt" – so ihre eigene Darstellung – die zwölf Jahre jüngere Halbjüdin Margot Hanel. Die exzessive Psychoanalyse schien sie aber mehr zu zerrütten als zu stützen – nicht zuletzt auch finanziell. Trotz des aufkommenden Nationalsozialismus war es letztlich Geldmangel, der Karin Boye wieder nach Stockholm trieb.
Im Sommer 1933 kehrte sie noch einmal nach Berlin zurück und nahm die zwischenzeitlich beendete Beziehung mit Margot Hanel wieder auf. Beide begannen dann in Stockholm ein problematisches Zusammenleben. Problematisch deshalb, weil Karin Boye sich immer noch von anderen Frauen angezogen fühlte. Auf der anderen Seite lebte Margot Hanel in Stockholm zwangsläufig in vollkommener Abhängigkeit von Karin Boye – auch finanziell – und war außerstande ein eigenes soziales

Umfeld aufzubauen, eine Verantwortung, die Karin Boye immer wieder zu überfordern schien. Zusätzlich wurde die Beziehung durch gesundheitliche Probleme Margots belastet und durch die Ablehnung, auf die Margot in Boyes Freundeskreis stieß. In dieser Zeit vollendete Boye aber zwei weitere Romane, darunter den bereits erwähnten „Krisis" (1934), in dem sie es wagt, religiöse Selbstfindung im Konflikt mit sexueller Orientierung zu thematisieren. 1935 erschien auch endlich wieder ein Gedichtband: „Um des Baumes Willen" („För trädets skull") mit einem der bis heute in Schweden bekanntesten Gedichte: „Ja visst gör det ont" („Gewiss, es schmerzt").

Trotz beachtlicher Resonanz: Vom Schreiben konnten zwei Menschen nicht leben, und so begann Karin Boye 1936 eine Tätigkeit als Lehrerin im Internat Viggbyholm bei Stockholm. Zwischenzeitlich zog sie auch dort hin und man kann nur spekulieren, ob sie damit auch Abstand zu Margot Hanel suchte. Andererseits hatte sie sich einer sich anbahnenden Affäre zu einem deutsch-jüdischen Auswanderer mindestens aus Loyalität zu Margot Hanel entzogen.

Wirtschaftliche Stabilität sollte die Ausweitung der Lehrtätigkeit bringen, was weitere Einschränkung freier Zeit zum Schreiben bedeutete. Es war nicht von langer Dauer: Boye kündigte aufgrund psychischer Krisen, eine schmerzhafte Nervenerkrankung ihres Arms führte dazu, dass sie sich in die Obhut ihrer Mutter begab.

Eine Wiederaufnahme des Kontaktes mit dem Idol ihrer Jugend Anita Nathorst führte zu einer weiteren unglücklichen, unerwiderten Liebe, die ohnehin nur darin bestand, die schwer an Krebs erkrankte Anita in ihrem Sterben zu begleiten. Die Gespaltenheit, die sich aus ihrer Loyalität zu Margot Hanel ergab – Karin Boye verbrachte viel Zeit bei Anita im 400 Km entfernten Alingsås -, das erneute Eintauchen in die Psychoanalyse-Szene (Anita Nathorst war Assistentin des Analytikers Iwan Bratt) und nicht zuletzt die politische Situation Europas führten wohl zu einer immer tieferen Zerrüttung. Umso bemerkenswerter, dass sie ausgerechnet in dieser Zeit ihren letzten und größten Roman fertigstellt: „Kallocain" sollte ihr Werk von der weltweit größten Resonanz werden, ein vordergründig für Boye untypischer Science-Fiction-Roman, dessen Protagonist der Erfinder einer Wahrheitsdroge ist, die als Mittel zur Gesinnungsprüfung in einem totalitären Regime eingesetzt wird. Tatsächlich ist Wahrheit und Wahrhaftigkeit ein großes Thema im Leben und Schreiben Boyes, der aufgrund ihrer Bisexualität nie ein uneingeschränktes Leben in Wahrhaftigkeit möglich war.

Der Erfolg dieses Romans, sowohl in der Kritik als auch im Verkauf, brachte nicht den nötigen seelischen Auftrieb, um die finale Tragödie zu verhindern. Unerträglich wird es für Boye, Anita Nathorst sterben zu sehen. „In keiner Welt kann man leben, in der du nicht bist", dichtet sie offenbar an Anita gerichtet.

Am 23. April 1941 verschwindet Karin Boye unvermittelt aus dem Haus der Bratts in Alingsås, eine kurze Nachricht zu ihrem Eigentum hinterlassend. Tage später wird sie gefunden. Sie hatte eine Überdosis Schlaftabletten genommen, die selbst nicht tödlich war, die sie aber bewusstlos im Wald erfrieren ließ.

Margot Hanel, von Karin Boyes Familie gemieden und jetzt vollkommen isoliert, nimmt sich wenige Wochen später das Leben, Anita Nathorst erliegt ihrem Krebsleiden am 19. August.

Thematisch-/motivische rote Fäden

Es gibt Themen, die sich durch das ganze lyrische Schaffen Boyes ziehen und von denen einige hier als Leitlinien dienen können und die auch miteinander verwoben sind.
Religion und Glauben: Boye scheute sich nicht, naiv „gläubige" Gedichte – wohl aus früherer Zeit – solchen gegenüberzustellen, in denen der Glaube der *Sehnsucht* nach dem Glauben gewichen ist: *Abendgebet (13) – Kreuzung (14) – Innerlich (18) – Portale (26) – Götter (32) – Brennende Kerzen (62)*
Die eigene sexuelle Orientierung: Karin Boye vermied es, so offen ihre Orientierung literarisch zu verarbeiten, wie es ihre russische Generationsgenossin Sophia Parnok tat. Die Konflikte, die sich daraus ergeben, spiegeln sich dennoch intensiv in ihrer Lyrik wider, wenn sie besonders *Sehnsucht* und *Verdammt Sein* zum Ausdruck bringt.
Sehnsucht: Es geht dabei weniger um die Sehnsucht nach einem bestimmten Menschen als danach, sich überhaupt einem anderen öffnen zu können. Es gibt wohl kaum jemand, der dieses Gefühl in solch mächtigen Bildern darstellte wie Karin Boye: *Schwalbe der Nacht (10) – Wunschnacht (20) – Morgen (22) – Manche Herzen sind Schätze…(58)*
Verdammt sein: Eine Obsession Boyes war dieses Gefühl, eine „Verdammte" zu sein, von der Gesellschaft oder tatsächlich auch von Gott, schon auf Erden oder erst im Jenseits. Die Gründe für die Verdammnis als eigene Identität positiv anzunehmen, rücken auch diese Gedichte in die Nähe von „Coming-out"-Gedichten: *Du sollst danken (56) – Misstrauen (86) – Der fallende Morgenstern (104) – Cherub (115) – Bekenntnis (124) – Scheiterhaufen (130)*
Gelegentlich bezieht sie sich auch eindeutiger auf ihr *„Coming-out"*, wenn sie sich vergewissert, dass nichts „falsch" an ihrer

sexuellen Orientierung ist: *Frühlingslied (52) – Du sollst danken (56) – Bekenntnis (124)*

Wahrhaftigkeit: Boye war ständig auf der Suche nach dem Leben mit sich selbst im Reinen. Ein solches Leben in „Wahrhaftigkeit" ist aber auch belastet durch die sexuelle Identität: *Winternacht (35) – Obdachlos (27) – Angst (34) – Heimweg (43) – Quellwasser (55) – Wunsch (60)*

Schließlich *Nacht:* Es handelt sich um das am häufigsten vertretene Motiv Karin Boyes. Der Kontrast zwischen Tag und Nacht ist auch ein Kontrast zwischen offen sichtbarem und verborgenem Leben, zwischen Gefühlen, die man äußern darf, und solchen, die man verstecken muss, zwischen dem Bewussten und dem Unbewussten und zwischen Glauben und Vernunft. Die Nacht ist also das Motiv, in dem viele andere Motive aufgehen können. Wie niemand anders ist Karin Boye eine Dichterin der Nacht.

INHALT

Die schwedischen Originale sind zugänglich auf:
https://litteraturbanken.se/författare/BoyeK
oder: karinboye.se